Inhalt

Biographische Daten

1729 Gotthold Ephraim Lessing als erstes von zwölf Geschwistern am 22. Januar in Kamenz (Sachsen) geboren; Vater: Johann Gottfried L., Pfarrer – Mutter: Justine Salome, geb. Feller

1741 Besuch der Fürstenschule St. Afra in Meißen ab 22. Juni

1746 Ende des Schulbesuchs am 30. 6., Immatrikulation an der theologischen Fakultät der Universität Leipzig am 20. 9., Beginn der freundschaftlichen Verbindung mit dem Redakteur Christlob Mylius, einem Vetter; M. führte ihn in das gesellige Leben Leipzigs ein

1747 Veröffentlichung erster Gedichte und Erzählungen in den von Mylius geleiteten Zeitschriften „Der Naturforscher" und „Ermunterungen zum Vergnügen des Gemüts"; Beginn der Freundschaft mit Christian Felix Weiße (Dichter, 1726–1804), dem Herausgeber der „Neuen Bibliothek der schönen Wissenschaften und der freien Künste", Aufnahme der Verbindung zur Neuberschen Truppe

1748 Aufführung des Lustspiels „Der junge Gelehrte" im Januar, Aufenthalt in Kamenz von Januar bis April, Rückkehr nach Leipzig, Wechsel vom Theologie- zum Medizinstudium, finanzieller Ruin der Neuberschen Schauspieltruppe und Flucht Lessings nach Wittenberg im Mai, Entschluß zum Beruf des freien Schriftstellers, im November Übersiedlung nach Berlin, Mitarbeit an der „Vossischen Zeitung"; mit Unterbrechungen bleibt Lessing bis 1760 in Berlin als freier Journalist tätig

1751/52 Aufenthalt in Wittenberg, Promotion zum Magister am 29. 4. 1752, ab 1751 redigiert L. den Kulturteil der „Berlinischen Privilegierten Zeitung" (Gelehrten-Artikel), nach der Rückkehr aus Wittenberg Herausgeber der Beilage zur „Vossischen Zeitung" (Das Neueste aus dem Reiche des Witzes), Bekanntschaft mit Johann Georg Sulzer (Ästhetiker, 1720–1779), Karl Wilhelm Ramler (Dichter und Herausgeber, 1725–1798); Freundschaft mit Moses

Mendelssohn (Philosoph, 1729–1786), Friedrich Nicolai (Verleger und Publizist, 1733 bis 1811), Ewald von Kleist (Lyriker, gilt als Urbild der Tellheimgestalt in „Minna von Barnhelm", 1715 bis 1759)

1753 „G. E. Lessings Schriften" in sechs Bänden beginnen zu erscheinen

1755 „Miß Sara Sampson" wird am 10. Juli im Beisein Lessings in Frankfurt/Oder uraufgeführt, Rückkehr nach Leipzig im Oktober

1756 Beginn einer auf mehrere Jahre geplanten Bildungsreise durch die Niederlande, England und Frankreich als Begleiter des Leipziger Patriziersohnes Johann Gottfried Winkler; Anfang des Siebenjährigen Krieges erzwingt Reiseabbruch in Amsterdam, im gleichen Jahr Begegnungen mit Johann Wilhelm Gleim (Dichter, Kanonikus und Domsekretär in Halberstadt, Literaturförderer, 1719–1803), Friedrich Gottlieb Klopstock (Dichter, „Messias", 1724–1803), Konrad Ekhof (Schauspieler, Hamburg, 1720–1778)

1758 L. siedelt erneut nach Berlin über, wo er zusammen mit Nicolai und Mendelssohn „Briefe, die neueste Literatur betreffend" herausgibt

1760 Übersiedlung nach Breslau, Gouvernementssekretär bei dem preußischen General Bogislaw Friedrich von Tauentzien (1710–1791), erste Entwürfe zu „Laokoon oder Über die Grenzen der Malerei und Poesie" und „Minna von Barnhelm" in den Breslauer Jahren

1765 Wahl zum auswärtigen Mitglied der Berliner Akademie der Wissenschaften, Rückkehr nach Berlin

1767 Übersiedlung nach Hamburg, Aufnahme der Tätigkeit als Dramaturg und Kritiker am neugegründeten „Hamburgischen Nationaltheater", Kontakte zu Ekhof, Friedrich Ludwig Schröder (Schauspieler, dramatischer Dichter, führte ab 1776 Shakespeare auf der deutschen Bühne ein, 1744–1816), Philipp Emanuel Bach (Kammermusikus und später Kirchenmusikdirektor in Hamburg, 1714–1788), Johan Melchior Goeze (Hauptpastor an der Hamburger Katharinenkirche, Zielfigur von Lessings „Anti-

Goeze", 1717–1786), den Familien König (Eva König, geb. Hahn, 1736–1778, wird später Lessings Ehefrau) und Reimarus (Hermann Samuel R., Philosoph, Theologe, 1694–1768, „Schutzschrift für die vernünftigen Verehrer Gottes"

1769 25. November, Auflösung des „Hamburgischen Nationaltheaters" aus finanziellen Gründen

1770 7. Mai, Aufnahme der Tätigkeit als Bibliothekar des Herzogs Karl von Braunschweig in Wolfenbüttel

1771 Verlobung mit Eva König

1772 13. März, Uraufführung des Trauerspiels „Emilia Galotti" in Braunschweig anläßlich des Geburtstages der Herzogin

1775 Reise zum zeitweiligen Aufenthaltsort Eva Königs nach Wien über Leipzig, Berlin, Dresden und Prag; Audienz bei Kaiser Joseph II., Weiterreise nach Italien als Begleiter des Braunschweiger Prinzen Leopold, Aufenthalte in Mailand, Venedig, Florenz, Genua, Turin, Rom, Neapel und auf Korsika

1776 Rückkehr nach Wolfenbüttel im Januar, Verheiratung mit Eva König am 8. Oktober, Ernennung zum Hofrat

1777 Geburt eines Sohnes am Weihnachtsabend, der vierundzwanzig Stunden später stirbt

1778 Eva Lessing stirbt am 10. Januar an Kindbettfieber, polemische Auseinandersetzung mit orthodoxen Lutheranern, Herzog Karl untersagt unzensierte Veröffentlichungen „in Religionssachen", Lessing besinnt sich auf „seine alte Kanzel, das Theater", im November beginnt die Arbeit an „Nathan der Weise"

1779 „Nathan der Weise" erscheint (Uraufführung 1783 in Berlin), Lessings Gesundheitszustand verschlechtert sich

1780 Zusammentreffen mit Friedrich Heinrich Jacobi (Schriftsteller, 1743–1819), Besuch bei Gleim in Halberstadt

1781 15. Februar, Lessing stirbt an einem Schlagfluß in Braunschweig nach zweiwöchigem Krankenlager, Beisetzung auf dem Magnifriedhof

Lessings Wirken für ein deutsches bürgerliches Nationaltheater

Als G. E. Lessing, geb. 1729, gest. 1781, um die Mitte des 18. Jahrhunderts das deutsche Theatergeschehen zu beeinflussen begann, hob eine Zeit revolutionierender Veränderungen an: „Der Eintritt Lessings in die Geschichte von Drama und Theater ist bis heute das sichtbare Signal für den bürgerlichen Anspruch, das einst feudale Instrumentarium zu benutzen. Es ist das Signal für die Ausbildung einer eigenständigen nationalen Kultur mit Hilfe eines aus dem französischen Vorbild befreiten Dramas und Theaters: Ein Signal also auch für die Herstellung eines neuen Dramas, das die Probleme des sich von 1760 emanzipierenden Standes, des Bürgertums, darstellen und damit gesellschaftlich funktionsfähig werden konnte . . .“[1]

Der Versuch, Lessings Beitrag für die Herausbildung des deutschen bürgerlichen Theaters skizzenhaft nachzuzeichnen, ist im Rahmen dieser Darlegungen notwendigerweise auf Stichworthaftes begrenzt, wie er auch alle Seiten Lessingschen Schaffens zu vernachlässigen gezwungen ist, die sich nicht unmittelbar auf die Dramatik richten. Dennoch scheint er am Platze als Voraussetzung für die eingehendere Beschäftigung mit der Tragödie „Emilia Galotti".

Zwischen Lessings erstem Stück, dem Lustspiel „Der junge Gelehrte", von der Neuberschen Schauspieltruppe 1747 in Leipzig uraufgeführt, und „Nathan der Weise" liegen drei Lebensjahrzehnte des Dichters, in denen er als Kritiker, Dramatiker und Theoretiker ein Wegbereiter des bürgerlichen Theaters blieb.

1749 entstand das Dramenfragment „Samuel Henzi". Es stellte den literaturhistorisch bemerkenswerten Versuch dar, ein politisches Zeitereignis in einem republikanischen Trauerspiel zu gestalten. Spätestens ab 1755 beschäftigte sich Lessing mit der Dramatisierung der Faustsage (Frag-

---

[1] G. Rühle, Theater in unserer Zeit, Frankfurt 1976, S. 295

ment), wobei er an volkstümliche Traditionen anzuknüpfen versuchte. Im gleichen Jahr entstand das erste bürgerliche Trauerspiel der deutschen Literaturgeschichte „Miß Sara Sampson". Der Dichter überwand hier Gottscheds starre dem klassizistischen französischen Theater entlehnte Regelkonstruktion. Er setzte lebensnähere Prosa an die Stelle des sterilen Alexandriners. Bürgerliche Menschen – von Gottscheds „Critischer Dichtkunst" als komische Figuren ins Lustspiel verwiesen – wurden zu Helden der Tragödie. Nur wenige Jahre später, von 1759 bis 1765 erschienen auf Anregung Lessings insgesamt 333 „Briefe, die neueste Literatur betreffend". Mitarbeiter waren Friedrich Nicolai, Moses Mendelssohn und Thomas Abbt. Bis 1760 schrieb Lessing selbst 55 Beiträge, darunter jenen berühmten 17. Literaturbrief vom 16. Februar 1759, der in dieser Sammlung eine herausragende Stellung einnimmt. Mit ungewöhnlicher polemischer Schärfe, wie man sie bis dahin in der deutschen Kritik nicht kannte, setzte er sich hier mit Gottscheds Bemühungen um ein deutsches Nationaltheater auseinander: „Niemand, sagen die Verfasser der Bibliothek, wird leugnen, daß die deutsche Schaubühne einen großen Teil ihrer ersten Verbesserung dem Herrn Professor Gottsched zu danken habe. Ich bin dieser ‚Niemand'; ich leugne es geradezu. Es wäre zu wünschen, daß sich Herr Gottsched niemals mit dem Theater vermengt hätte. Seine vermeintlichen Verbesserungen betreffen entweder entbehrliche Kleinigkeiten oder sind wahre Verschlimmerungen . . ."[2]) Die Theorie des Ständedramas nach dem höfisch-klassizistischen Vorbild der Franzosen Corneille und Racine verfiel totaler Kritik. Lessing ging so weit, Gottsched jegliches Verdienst um eine Reform abzusprechen, eine Auffassung, die er später, besserer Einsicht folgend, in der „Hamburgischen Dramaturgie" korrigierte. Lessings erklärtes Ziel bestand darin, dem höfisch orientierten Ständedrama eine realistische, nationale Dramenkonzeption entgegenzustellen, die sich auf das wahrheitsgetreue künstlerische Erfassen der Wirklichkeit stützte. So trat er ein für Shakespeare als großes Vorbild bürgerlich-nationaler Dramatik. Von realistischer Literatur for-

---

[2]) zitiert in Band 7 dieser Reihe; Minna von Barnhelm, S. 9

derte er aus vertiefter Charakteristik erwachsende höhere Glaubwürdigkeit der Figuren.

Zwei spätere bedeutende Veröffentlichungen hatten ihren Ursprung um 1762 in der Breslauer Zeit. „Laokoon oder über die Grenzen der Malerei und Poesie" war 1766 erschienen – hier suchte Lessing, die Wirkungsmöglichkeiten und Gesetzmäßigkeiten der Kunstgattungen auf dem Wege des Vergleichs zwischen bildender Kunst und Poesie zu definieren. Und jenes andere Werk, von dem Lessing einst erklärt hatte: „Wenn es nicht besser als meine bisherigen dramatischen Stücke ist, so bin ich fest entschlossen, mich mit dem Theater gar nicht mehr abzugeben"[3]) erfüllte die Forderungen der „Literaturbriefe" beispielhaft. „Minna von Barnhelm", eines der wenigen großen deutschen Lustspiele, eroberte sich von der Hamburger Uraufführung am 30. September 1767 an die Publikumsgunst: „Obwohl die Komödie auch ihre Kritiker fand – Goethe und Herder seien hier repräsentativ genannt – blieb ihre Grundqualität, ein Meisterwerk zu sein, unumstritten. Die literarischen Gestalten sind glänzend durchgeformte Charaktere. Inhalt und Form stimmen vollkommen überein. Präzise charakterisierende Dialoge und eine sehr nuancenreiche Prosa helfen, daß alles in diesem Stück ungemein lebendig wirkt."[4])

1767 folgte Lessing dem Ruf der Stadt Hamburg an das neugegründete Nationaltheater. Wenn sich auch seine hochgespannten Erwartungen im Zeitraum bis zu der allzufrühen Finanzkatastrophe des Unternehmens im November 1769 nicht erfüllten, so blieb doch als Frucht dieser Schaffensjahre die theaterkritisch wie literarisch-ästhetisch epochemachende „Hamburgische Dramaturgie". Der Kritiker Lessing trat hier ein für ein deutsches Nationaltheater, das sein Publikum im Sinne des aufgeklärten Bürgertums erziehen sollte. Von den Schauspielern forderte er Wahrheit der Empfindung und des Ausdrucks. Die „Hamburgische Dramaturgie" besteht aus 52 Rezensio-

---

[3]) Schriften, Band 17, S. 212
[4]) vgl. Minna von Barnhelm, Wertungen und Rezeptionshilfen, 2. neubearbeitete Ausgabe, Band 7 der Reihe, S. 26

nen zu Hamburger Aufführungen, die in der Form von 104 „Stücken" erschienen und eine Fülle von Betrachtungen, Anregungen und Hinweisen zur Literatur und Ästhetik enthielten. Vom Drama forderte Lessing zeitbezogene Handlung: „Auf dem Theater sollen wir nicht lernen, was dieser oder jener einzelne Mensch getan hat, sondern was ein jeder Mensch von einem gewissen Charakter unter gewissen gegebenen Umständen tun werde."[5]) Das Theater als äußerst publikumswirksame Institution sollte zu einer Tribüne des bürgerlichen Befreiungskampfes werden. Dazu bedurfte es mehr deutscher Stücke, denn auch das Hamburger Repertoire wurde beherrscht von französisch-klassizistischen Tragödien, Schauspielen und Komödien. Lessing ließ nicht nach, realistische deutsche Dramen zu fordern, in deren Zentrum der bürgerliche Held stehen müsse. Am Beispiel Shakespeares orientiert, forderte er die Gestaltung individueller Charaktere und lehnte die „unmenschlichen Schemen" Corneilles und Racines ab. Heftig polemisierte er gegen die französisch-klassizistische Auslegung der „Poetik" des Aristoteles; der starren Norm setzte er eine eigene Interpretation entgegen, die im Dienste bürgerlicher Theaterkunst stand. Einen bedeutenden Platz nehmen seine Ausführungen zur Katharsis ein, die er gegenüber Aristoteles neu definierte: Furcht und Mitleid in der Tragödie sollen im Zuschauer eine „Reinigung" der Leidenschaften bewirken und sie in „tugendhafte Fertigkeiten" verwandeln.[6]) Auch für die neue Ko-

<hr/>

[5]) 19. Stück, Werke, Bd. 5
[6]) Aristoteles (384–322 v. Chr.) erörtert den Begriff „Katharsis" im 6. Kapitel seiner „Poetik". Er entlehnt ihn aus der Heilkunde und unterstreicht so die beabsichtigte heilende Wirkung der darstellenden Kunst auf das Gemüt. Angestrebt wurde eine mit dramatischen Mitteln erregte schockartige Erregung des Publikums im antiken Theater (vgl. Schillers Ballade „Die Kraniche des Ibykus"). An die Stelle des Schocks trat bei Lessing die Einfühlung. Man spricht daher von aristotelischer oder Einfühlungs-Dramatik, welche die Identifikation des Zuschauers mit den tragenden Gestalten anstrebt – im Gegensatz zum epischen Theater Brechts, wo mit Hilfe der Verfremdung die Einfühlung zugunsten einer kritisch-prüfenden Zuschauerhaltung ausgeschlossen werden soll (vgl. dazu Band 3 dieser Reihe, Brecht; Sezuan/Galilei, S. 7 – 14 u. S. 51 – 55)

mödie trat Lessing ein. Er setzte sich kritisch mit der Forderung des von ihm hochgeschätzten Diderot auseinander, die Komödie habe Stände darzustellen und forderte auch hier Charaktere, die in typischen Verhältnissen zu zeigen seien. Die „Hamburgische Dramaturgie" ist frei von chauvinistischen Tendenzen. Lessing lehnte die französisch- klassizistische Dramatik nicht ab, weil sie französisch, sondern weil sie höfisch war. Als Ergebnis der für ihn so enttäuschenden Hamburger Jahre blieb mit der „Dramaturgie" ein grundlegendes Werk, auf dem Goethe und Schiller aufbauten und das bis in unsere Zeit die Dramatik zur Auseinandersetzung bewegt.

1772 erschien mit „Emilia Galotti" jenes Trauerspiel, das die gesellschaftlichen Hauptgruppierungen des 18. Jahrhunderts – Adel und Bürgertum – zum erstenmal in der deutschen Literatur in einem offenen Konflikt einander gegenüberstellte. Die „Tat zu den Gedanken der ‚Dramaturgie'" (Mehring) wurde es genannt und als „entscheidender Schritt zur sittlich erregten Opposition gegen die tyrannische Willkürherrschaft" (Goethe) qualifiziert. Die Lobpreisung der Tugend bekam empörerische Züge – sie wirkte als Fanal gegen den Despotismus. Der literaturgeschichtlich prägende Einfluß dieser Tragödie war überaus bedeutend, wie an anderer Stelle genauer zu zeigen sein wird.

Noch einmal besann sich Lessing auf seine „alte Kanzel, das Theater"[7]), als ihm 1778 auf Betreiben christlich-orthodoxer Kreise die Zensurpflicht für alle weiteren Schriften durch seinen Brot- und Dienstherrn, den Herzog von Braunschweig, auferlegt wurde, was einem Veröffentlichungsverbot gleichkam. Damit hatten seine dogmatischen Widersacher in der Auseinandersetzung um die „Wolfenbüttler Fragmente eines Ungenannten" den tapferen Streiter für Humanität und Toleranz zunächst mundtot gemacht. Jedoch in der „Nacht vom 10. auf den 11. August 1778 war Lessing der Gedanke gekommen, den früher niedergeschriebenen Entwurf seines Stückes jetzt

---

[7]) vgl. Nathan der Weise, Interpretation und unterrichtsbezogene Hinweise, 3. erweiterte Auflage, Band 10 der Reihe, S. 13

auszuarbeiten und auf diese Weise den Kampf ... fortzu-
führen".[8]) In der Zeit von November 1778 bis Mai 1779
schuf er das gedankenreichste Schauspiel der deutschen
literarischen Aufklärung: „Nathan der Weise", eine glän-
zende Verteidigung der Toleranzidee. Kernstück der
Handlung ist die berühmte Ringparabel, welche auf Boc-
cacios Novellensammlung „Das Decamerone" fußt. Auch
in der sprachlichen Ausformung beschritt Lessing hier
neue Wege. Nach dem Beispiel Shakespeares wählte er
den Blankvers und führte ihn damit als das klassische
Versmaß des deutschen Dramas ein.

Selbst hier, wo das Schaffen Lessings von einem speziel-
len Betrachtungszweck bestimmt, nur ausschnittsweise
reflektiert ist, wird die tiefe Berechtigung dessen deutlich,
was Thomas Mann zur Würdigung des Verfassers von „Li-
teraturbriefen" und „Hamburgischer Dramaturgie", des
Dichters der „Minna", der „Emilia Galotti" und des „Nathan" sagte: „Er hat die Dummheit gestachelt, die Lüge
verfolgt, Knechtssinn und Geisterfaulheit gegeißelt und
die Freiheit des Gedankens mit ernstester Ehrfurcht ge-
schützt ..."[9])

---

[8]) vgl. Band 10 der Reihe, Nathan der Weise, S. 14
[9]) Thomas Mann, Gesammelte Werke in zwölf Bänden, Berlin
1955, Bd. 11, S. 196

Angaben zur Bibliographie
der Werke Lessings

Dramen

Ästhetische und kritische Schriften

Theologische und philosophische Schriften

1750	Gedanken über die Herrnhuter
1755	Pope, ein Metaphysiker!
1773	Leibniz von den ewigen Strafen
	Des Andreas Wissowatius Einwürfe wider die Dreieinigkeit
1774–1784	Fragmente des Wolfenbütteler Ungenannten
1777	Das Testament Johannis
	Über den Beweis des Geistes und der Kraft
1778	Eine Parabel
	Axiomata
	Nötige Antwort
	Eine Duplik
	Mehreres aus den Papieren des Ungenannten, die Offenbarung betreffend
	Anti-Goeze
	Ernst und Falk, Gespräche für Freimaurer
1780	Die Erziehung des Menschengeschlechts

Vermischte Dichtungen

1751	Kleinigkeiten
1753	Sinngedichte
	Fabeln und Erzählungen
1759	Fabeln, 3 Bücher

Zeitschriften

1751	Das Neueste aus dem Reiche des Witzes (Beilage der Vossischen Zeitung)
1757–1758	Bibliothek der schönen Wissenschaften und der freien Künste (mit Nicolai und Mendelssohn)
1759–1765	Briefe, die neueste Literatur betreffend (mit Nicolai und Mendelssohn)

Entstehung und zeitgenössische Wirkung

In der Entstehungsgeschichte der beiden letzten Bühnen-
werke Lessings findet sich eine bemerkenswerte Parallele.
Sowohl „Emilia Galotti" wie auch „Nathan der Weise" ver-
danken ihre Existenz dem Wiederaufgreifen eines älteren
Gestaltungsvorhabens.

Die Geschichte der Virginia gewann Lessings Aufmerksamkeit verbürgtermaßen schon im Jahre 1754. Damals
übersetzte er in der „Theatralischen Bibliothek" eine sehr
genaue Inhaltsangabe der spanischen Virginia-Tragödie
von Agustín Montiano y Luyando, die 1750 in Madrid vor-
gelegt worden war. In der „Berlinischen privilegierten Zeitung" erschien am 23. August 1755 aus Lessings Feder
die Rezension zu einer deutschen Virgina-Version von Johann Samuel Patzke. Das Virginia-Stück des Engländers
Henry Samuel Crisp – die Uraufführung gab es 1754 in
London – wurde von ihm teilweis ins Deutsche übertragen.
Das erste schriftliche Selbstzeugnis zum Gestaltungsplan
der „Emilia Galotti" stammt vom 22. Oktober 1757. Lessings Freund, der Verleger Friedrich Nicolai, hatte einen
Preis ausgeschrieben für eine Tragödie in deutscher Sprache. Da die Wettbewerbsbeiträge anonym einzusenden
waren, schrieb Lessing über sich selbst verfremdend in
der dritten Person an Moses Mendelssohn: „Es arbeitet
hier noch ein junger Mensch an einem Trauerspiele, welches vielleicht unter allen das beste werden dürfte . . ."[10]
Im Januar 1758 erfuhr Nicolai, wieder im mystifizierenden
Er-Stil: „Sein jetziges Sujet ist eine bürgerliche Virginia,
der er den Titel Emilia Galotti gegeben. Er hat nehmlich
die Geschichte der römischen Virginia von allem dem ab-
gesondert, was sie für den ganzen Staat interessant machte; er hat geglaubt, daß das Schicksal einer Tochter, die
von ihrem Vater umgebracht wird, dem ihre Tugend werther ist als ihr Leben, für sich schon tragisch genug, und
fähig genug sey, die ganze Seele zu erschüttern, wenn
auch gleich kein Umsturz der ganzen Staatsverfassung
darauf folgte. Seine Anlage ist von drey Akten, und er

---

[10]) Schriften, Bd. 17, S. 126

braucht ohne Bedenken alle Freyheiten der englischen Bühne."[11])

Die Virginiaüberlieferung ist von einem antityrannischen Grundzug geprägt, ausgetragen in der ständischen Rebellion zwischen Plebejern und Patriziern. Der Stoff mit „berühmtem republikanischem Symbolgehalt" (Rilla) war in der europäischen Literatur vor Lessing vielfach bearbeitet worden. Schon Hans Sachs hatte dieses Motiv um 1530 gestaltet: „Virginia die romerin die keusch, 24 Personen, 500 Verse"[12]) heißt es in seinem Werkeverzeichnis „Register der Tragedi, 2. Buech." Ihm folgten italienische, französische und englische Dramatiker nach. Lessing betrat insofern Neuland, als er sich eine „bürgerliche Virginia" vornahm, die mit Blick auf die gesellschaftlichen, moralischen und sozialen Erfahrungen eines bürgerlichen Publikums im Jahrhundert der Aufklärung geschrieben wurde.

„Vermutlich schon zur Zeit des ‚Samuel Heinzi', als ihn antike Stoffe republikanischen Inhalts beschäftigen, hat Lessing ein Römerdrama erwogen, dem die Geschichte der Virginia zugrunde lag, wie sie Livius, der römische Historiker, erzählt. Es war ein berühmter Stoff . . . der Tod der Virginia, die von ihrem Vater, dem Plebejer Lucius Virginius, in dem Augenblick erstochen wird, als der Aristokrat und mächtige Dezemvir Appius Claudius sie mit zynischer Beugung des Rechts in seine Gewalt bringen will, dieser Opfertod gibt das Signal zum Aufstand des römischen Volkes, die Dezemvirn werden gestürzt, die plebejische Sache triumphiert. Doch je mehr Lessing sich mit den Dramatikern beschäftigte, die vor ihm an den Stoff geraten waren, um so mehr sah er sich auf eigene Erfahrungen verwiesen, welche der römischen Kulisse nicht mehr günstig waren. Denn inzwischen waren die Szenen des ‚Samuel Henzi' geschrieben, im klassizistischen Silbenmaß ein moderner ‚republikanischer' Stoff; und ‚Miss Sara Sampson' entstand, das ganz neue Silbenmaß des bürgerlichen Trauerspiels. Lessing konnte das Virginia-Motiv

---

[11]) Schriften, Bd. 17, S. 133

[12]) vgl. Rudolph Geneé, Hans Sachs und seine Zeit, S. 455

brauchen. Aber den Namen, die Zeit, das Kostüm, die Kulisse konnte er nicht mehr brauchen."[13])

Mehr als ein Jahrzehnt später hat Lessing den dreiaktigen Entwurf wieder vorgenommen. Jetzt, in Hamburg, stand er mitten in der Theaterpraxis, und dafür gestaltete er den frühen Entwurf des Stückes um, in einer Weise, die ihn später zu der Bekundung veranlaßte, man hätte die Hamburger Ausarbeitung niemals drucken, wohl aber spielen können. Der Bankrott des Hamburger Theaters verhinderte die Vollendung des Stückes, und so gelangte die noch unvollkommene, jetzt aber fünfaktige Fassung im Reisegepäck des künftigen Hofbibliothekars nach Wolfenbüttel. Erst im Spätherbst 1771 nahm er die „Emilia Galotti" wieder vor und konnte jetzt „aber weder das alte Sujet noch die Hamburger Ausarbeitung"[14]) gelten lassen. Die Erfahrungen des ersten Wolfenbütteler Jahres erzwangen etwas völlig Neues: „Es war ganz ähnlich wie damals in Leipzig, wo er die römische Virginia nicht mehr brauchen konnte. Doch wenn er jetzt, im dritten Stadium, auch die früheren Formen seiner bürgerlichen Virginia nicht mehr brauchen kann, so sind daran nicht nur Überlegungen der Technik oder Komposition schuld. Vielmehr: das Virginia-Motiv war mit Wolfenbüttel und dem braunschweigischen Hof zusammengestoßen; unter dem Anstoß rückte der italienische Schauplatz in ein noch näheres und schneidenderes Licht; der Prinz von Guastalla nahm Züge an, die Lessing weder in Leipzig noch in Hamburg am lebenden Objekt hatte studieren können."[15])

„Emilia Galotti" zeigt unter allen Lessingschen Dramen die längste Entstehungsgeschichte. Konzipiert in Leipzig, fortgeschrieben in Hamburg und zur Reife gebracht in Wolfenbüttel überrascht die Tragödie mit konsequentem und schnellem Fortschreiten des Schaffensvorganges in der abschließenden Entstehungsphase. Am 31. 12. 1771 schrieb Lessing an seinen Bruder Karl: „Mit meiner Tragödie geht es so ziemlich gut, und künftige Woche will ich

[13]) Paul Rilla, Lessing und sein Zeitalter, S. 226 f.
[14]) Schriften, Bd. 18, S. 19
[15]) Paul Rilla, Lessing und sein Zeitalter, S. 228

Dir die ersten drey Acte übersenden . . ."[16]) Dies geschah wenig später, denn bereits am 25. Januar drängt er den Bruder Karl: „Die erste Hälfte meiner neuen Tragödie wirst Du nun wohl haben; und ich bin sehr begierig, Dein Urtheil darüber zu vernehmen . . ."[17]) Am 1. 3. 1772 heißt es dann: „Hier kommt endlich der Schluß. Ich will wünschen, daß er Dich in Deiner Erwartung nicht betrügen möge."[18])

Die Uraufführung fand statt am 13. März 1772, als der Geburtstag der Herzogin von Braunschweig in der Residenz festlich begangen wurde. Freilich hatte sich Lessing vorher der gnädigen Zustimmung des Herzogs versichert. Zwar konnte er Anfang März nur die Druckbogen bis zum vierten Aufzug vorlegen, aber in seinem Begleitschreiben beschwichtigte er: „Indeß werden auch schon diese hinlänglich seyn, einen Begriff von dem Ganzen zu machen, welches weiter nichts als die alte Römische Geschichte der Virginia in einer modernen Einkleidung seyn soll."[19]) Die Schauspieler der Theatergruppe Döbbelins[20]) ernteten viel Beifall. Lessing war weder bei dieser noch bei den nächsten Vorstellungen zugegen. Er kränkelte. Beim Einstudieren des Stückes hatte er die Darsteller wiederholt beraten, die Rollen selbst verteilt und solche Textpassagen persönlich vordeklamiert, auf welche er besonderen Wert legte. An neun Tagen wurde die „Emilia Galotti" nach der Braunschweiger Uraufführung wiederholt. Zur Lessing-Zeit bedeutete dies einen durchschlagenden Erfolg, wie er nicht oft einem Stück zuteil wurde. Ähnlich war die Publikums-Resonanz kaum einen Monat später in Berlin. Auch hier bestand das Auditorium auf mehrfacher Wiederholung, und so konnte man am 7. April in der „Berlinischen privilegierten Zeitung" lesen: „Gestern wurde hier von der Kochischen Gesellschaft deutscher Schauspieler Emilia Galotti, ein Trauerspiel in fünf Akten vom Herrn

---

[16]) Schriften, Bd. 17, S. 423

[17]) Schriften, Bd. 18, S. 10

[18]) Schriften, Bd. 18, S. 20

[19]) Schriften, Bd. 18, S. 23

[20]) Karl Teophil Döbbelin (1727 – 93), 1775 bis 1789 Leiter der ersten ständigen Bühne Berlins, Wegbereiter Lessingscher Dramen

Lessing zum ersten male mit vielen Beyfall aufgeführt, und wird auf Zurufung des Parterrs heute wiederholt."[21])

Zwei Zeitzeugnisse mögen belegen, in welcher Stimmung man die Braunschweiger Uraufführung aufnahm. Im „Wandsbecker Bothen" vom 21. 3. 1772 wurde folgende Korrespondenz aus der Uraufführungsstadt veröffentlicht: „Des Hrn. Leßings Emilia Galotti ist hier zum erstenmal mit ausserordentl. Beyfall aufgeführt worden. Sie wissen, was Leßing fürs Theater zu schreiben pflegt, aber man sagt hier durchgehends, daß er diesmal noch mehr geschrieben habe."[22])

Am Tage nach der Uraufführung schrieb Johann Arnold Ebert, ein früherer Lehrer des Erbprinzen und bedeutender Kenner der englischen Literatur, Professor am Carolinum zu Braunschweig – er hatte Lessings Berufung nach Wolfenbüttel gefördert – dem Dichter einen begeisterten Brief über seine ersten Eindrücke von der neuen Tragödie: „Ich befinde mich itzt in eben dem Falle, worinn sich jener Schüler in England befand, da ihm aufgegeben war, eine Grabschrift auf Ben Johnson zu machen. Er konnte, wie Sie wissen, nichts weiter hervorbringen, als – O rare Ben Johnson! – Und ich kann nichts mehr sagen, als: O liebster, bester, unvergleichlicher Lessing! – Wie gern wollte ich Ihnen meine Bewunderung, Rührung, und Dankbarkeit, die ich gestern bey der Vorstellung Ihres neuen Stücks empfunden habe, lebhaft ausdrücken! Aber eben diese Empfindungen machen es mir unmöglich. Nur so viel kann ich Ihnen sagen, daß ich durch und durch, mit Klopstock zu reden, laut gezittert habe. Selbst die comischen Scenen oder Züge haben eine ähnliche Empfindung mit der bey mir hervorgebracht, die ich einmal bey Durchlesung der ersten Scene Ihrer Minna hatte. O Shakespear-Lessing! ... Nachdem der Vorhang niedergelassen war, wurde von mir und einigen Mitverschwornen dem glorwürdigen Verfasser zu Ehren geklatscht. Wenn er selbst zugegen gewesen wäre, so hätte ich, glaube ich,

[21]) Julius W. Braun, Lessing im Urtheile seiner Zeitgenossen, Bd. 1, S. 368

[22]) Julius W. Braun, Lessing im Urtheile seiner Zeitgenossen, Bd. 1, S. 352

überlaut seinen mir unbeschreiblich süssen und wehrten Namen ausgeschrieen. Bald darauf wurde eben das Stück auf künftigen Monat wieder angekündigt, und da klatschten wir von neuem ... Gönnen Sie sich doch selbst bald das Vergnügen, sie zu sehen, als die geringste Belohnung für alles das unaussprechliche Vergnügen, das Sie uns gemacht haben, o Shakespeare-Lessing!"[23])

Dieser Brief nimmt unter den Zeitdokumenten, die das Erscheinen der „Emilia Galotti" auf der Bühne begleiteten, einen besonderen Platz ein. Kaum ein Werk der Sekundärliteratur vergißt, ihn zu erwähnen; nicht selten wird er ausführlich kommentiert, wobei man der Berechtigung des schwärmerisch anmutenden Beinamens nachgeht: „In den bewundernden Ruf ‚O Shakespeare-Lessing!' konnte auch der Shakespeare-Übersetzer Wieland einstimmen, nicht aber die jüngeren Genies im deutschen Südwesten, die aus der Verehrung Shakespeares fast eine Religion machten. Herder empfand sogleich, welche Kluft den freischöpferischen Briten von dem weisen Dramaturgen scheide. Das Bewußte dieser Produktion verdroß ihn. Lessing könne Weiber nicht würdig schildern, schrieb er seiner Braut."[24])

Auch Inhalt-Form-Beziehungen rücken in diesem Zusammenhang in den Blickpunkt: „ ‚O Shakespeare-Lessing!', der Ruf, womit nach der Braunschweiger Aufführung der gute Ebert, Freund Lessings und ehemaliger Dichtergenosse Klopstocks, sein übervolles Herz erleichtert, kann als die Formel gelten sowohl des echten Gedankens wie der bloß phantasierenden Empfindung, womit die Lessingsche Befreiungstat in literarisches Urteil und bald auch in literarische Produktion umgesetzt wurde. Lessing war nicht Shakespeare, war es gerade in der strengen und spröden Linienführung dieses Stückes nicht. Aber wenn der Vergleich ästhetisch nicht zutraf, so war er doch historisch im Recht. Insofern im Recht, als Shakespeare das Schlagwort blieb, womit alles ausgedrückt wurde, was die Kunst als Wahrheit und Wirklichkeit ausdrücken sollte. Auf

[23]) Schriften, Bd. 20, S. 150 f.

[24]) Walter Fischer, Gotthold Ephraim Lessing, Emilia Galotti, S. 8

die ‚Emilia' angewandt, war es die Bezeichnung eines auf-
wühlenden Realismus, der durchaus im Sozialen sich bestimmte. Denn das war ja das Charakteristische an dem
Namen Shakespeare-Lessing: hier wurde ganz von der
Form abgesehen, welche nicht shakespearisierte, sondern
den härtesten Lessingschen Schliff zeigte; hier wurden
Natur und Wahrheit völlig aus dem Inhalt abgeleitet, welcher den Realismus sozialer Wirkung zu Shakespeari-
schen Maßen steigerte, und gerade vermöge der Lessingschen Prägung, die eine Prägung der sozialen Empörung
war. Was aber die andere Seite der Sache, die bloß ge-
fühlsmäßige, betraf, so war das Stichwort ‚Shakespeare'
das Signal, nicht im geprägten, sondern im verwilderten
Inhalt die Freiheit zu suchen, die dann vom Inhalt abgezo-
gen und auf eine vermeintliche Shakespearische Form
übertragen wurde.''[25])

Die frühen Rezensenten der Lessing-Zeit wiesen Züge der
Antike- und Shakespeare-Rezeption nach, fanden Bezie-
hungen zur „Hamburgischen Dramaturgie'' und empfan-
den das Trauerspiel inhaltlich und dramaturgisch *als neu,
bedeutsam und* richtungsweisend.

So berichtet Karl Lessing dem Bruder unter dem Datum
vom 12. 3. 1772 über die Reaktion Moses Mendelssohns
auf die Lektüre der „Emilia Galotti'': „Ich fragte ihn, wie
ihm Deine Tragödie gefallen habe. Im Ganzen vortrefflich,
sagte er; wir haben noch nichts so Vortreffliches; und vielleicht können Franzosen und Engländer nichts aufweisen,
wo jedes Wort so bedächtlich, so ökonomisch angebracht
ist; selbst die Ausführung der Charakter findet man selten
so. Welch ein allerliebstes Mädchen ist nicht die Emilia!''[26])

Nur mehr selten legten Kritiker die ungeeignete Elle des
klassizistischen Regelwerks an. Vielfachen kritischen Ein-
wänden begegnete dennoch der Handlungsschluß. Herder stellte die Frage, ob der tragische Ausgang nicht anders hätte sein können, und er eröffnete damit eine lange
Reihe von Erörterungen zum Motiv Odoardos.

---

[25]) Paul Rilla, Lessing und sein Zeitalter, S. 236 f.

[26]) Schriften, Bd. 20, S. 146

Goethe äußerte sich zu verschiedenen Zeiten unterschiedlich über Lessings Schöpfung. Beklagte er Mitte Juli 1772 beiläufig in einem Brief an Herder die allzu folgerichtige Konstruktion der Handlung – eine Kritik, die eng mit der Selbstkritik am „Götz von Berlichingen" verbunden war – wußte er in „Dichtung und Wahrheit" das Wirken der Tragödie in der Zeit hervorzuheben: „Den entschiedensten Schritt jedoch that Lessing (bei der Kritik – H. G.) in der Emilia Galotti, wo die Leidenschaften und ränkevollen Verhältnisse der höheren Regionen schneidend und bitter geschildert sind. Alle diese Dinge sagten dem aufgeregten Zeitsinne vollkommen zu, und Menschen von weniger Geist und Talent glaubten das Gleiche, ja noch mehr tun zu dürfen..."[27]) Ein Brief vom 27. März 1830 an Karl Friedrich Zelter unterstreicht diesen Gedanken nachhaltig. Zu seiner Zeit habe das Stück den jungen Leuten Mut gegeben; so sei man Lessing viel schuldig geworden. Die Symbolkraft der Tragödie fand in Goethes poetischem Werk ihren Wirkungsbeleg. Als man morgens gegen sechs Uhr den tödlich verletzten Werther auffindet, liegt ‚Emilia Galotti' auf dem Pulte aufgeschlagen.

Auch in höfischen Kreisen wurde die zeitgeschichtlich fundierte Tragödie gnädig aufgenommen. Wie Eva König im Juli 1772 aus Wien an Lessing schrieb, hatte Kaiser Joseph II. das Stück sehr gelobt – ungeachtet einer miserablen Aufführung, die nicht selten an den falschen Stellen Gelächter provozierte. Lediglich in Gotha, wo die erste deutsche Hofbühne beheimatet war, erschien das Trauerspiel nicht auf dem Spielplan, nach Bekundungen von Zeitgenossen wegen seines antifeudalen Gehalts.

Mannigfache Dokumente aus zwei Jahrhunderten belegen die Wirkungskraft der ‚Emilia Galotti'. Die Tragödie hat in der Entwicklungsgeschichte des bürgerlichen Trauerspiels einen festen, unverrückbaren Platz. Eine Fülle von Figuren nachfolgender Werke – Schillers ‚Kabale und Liebe' sei hier besonders hervorgehoben – kann die Ahnherrschaft Lessingscher Gestalten nicht verleugnen, wie

---

[27]) Goethes sämtliche Werke in sechsunddreißig Bänden, Bd. 21, S. 112 f.

auch die Sprachkunst ihres Schöpfers wieder aufklingt: „ ‚Emilia Galotti' wirkte stärker als irgendein anderes Werk auf die zeitgenössische Produktion. Kein zweites Drama hat einen so epochemachenden Einfluß auch auf Widerwillige geübt . . . Überall, selbst bei überspannten Schreiern, erklang ein Echo des scharfen Tones, der spitzen Epigramme, der elegischen Grübelei, der Antithesen, Wiederholungen, Widerrufe und anderer rhetorischer Lieblingsfiguren aus ‚Emilia Galotti'. Wir hören Lessingsche Akkorde im ‚Clavigo' und an zahllosen Stellen, bis zu wörtlicher Übereinstimmung, in den unbändigen Erstlingen Schillers. Die Sprache Lessings war gleichsam ein Wetzstein, auf dem die Ausdrucksweise für einen Carlos, einen Wurm geschliffen wurde . . . In ‚Julius von Tarent' bewies Leisewitz, diese vereinsamte Erscheinung im Gewühle der jungen Genies, auf jeder Seite, daß Lessing sein vornehmstes Muster sei . . .''[28])

Im Zeitalter von Reizüberflutung und sexueller Libertinage müßte die pädagogisch geführte Werkrezeption geradezu zwangsläufig in Motivationsnöte geraten, könnte sie sich nicht auf Sprach-, Form- und vor allem literar-historische Aspekte stützen. ,,Emilia Galotti'', bietet für solche Ansätze ein interesseweckendes Tätigkeitsfeld. Im Kapitel ,,Wertungen in Zitaten'' finden diese Gegenstände die ihnen gebührende Aufmerksamkeit.

---

[28]) Erich Schmidt, Lessing. Geschichte seines Lebens und seiner Schriften, Bd. 2, S. 45 f.

Daten zur Werkgeschichte

5. Jahrhundert v. Chr.	Ständekämpfe zwischen Patriziern und Plebejern; historischer Zeitraum, in dem die Legende vom Tode der römischen Jungfrau Virginia angesiedelt ist
59 v. Chr.–17 n. Chr.	Titus Livius, Historiker, überlieferte die Legende der Virginia
1328–1708	Herrschaft des italienischen Fürstengeschlechts der Gonzaga in Mantua; 1530 erhält das Geschlecht den Herzogstitel durch Karl V.; 1538 Erwerb der Grafschaft Guastalla
1539–1746	Regentschaft einer Nebenlinie der Gonzaga in der Grafschaft Guastalla; Hettore Gonzaga, Prinz von Guastalla, ist eine von Lessing frei erfundene Gestalt
1530	Bearbeitung des Virginia-Motivs durch Hans Sachs
1750	Virginia-Tragödie von Agustin Montiano y Luyando in Madrid veröffentlicht
1754	Inhaltsangabe der Tragödie von Montiano y Luyando durch Lessing übersetzt
1755	23. August, Rezension der „Virginia" von Johann Samuel Patzke durch Lessing in der „Berlinischen privilegierten Zeitung"
1757	22. Oktober, erste schriftliche Erwähnung der Tragödie in einem Brief Lessings an Moses Mendelssohn
1757–Anfang 1758	erster Entwurf, Einteilung in drei Akte
1767–1770	Lessing in Hamburg, Wiederaufnahme der Arbeit am Entwurf, Fassung in fünf Akten

1771 Spätherbst bis Ende Februar 1772	Fertigstellung der Tragödie in Wolfenbüttel
1772	13. März, Uraufführung der „Emilia Galotti" in Braunschweig zum Geburtstag der Herzogin
	6. April, Erstaufführung in Berlin
	Anfang Juli, Erstaufführung in Wien
1775	„Julius von Tarent", Tragödie von Johann Anton Leisewitz
1784	13. April, „Kabale und Liebe" (Luise Millerin) von Friedrich Schiller uraufgeführt

Virginia-Motiv und Tragödien-Fabel

Das 5. Jahrhundert v. Chr. sah Rom von heftigen Ständekämpfen zwischen Patriziern und Plebejern bewegt. Um die Jahrhundertmitte wurden zehn Senatoren (Decemvirn) damit beauftragt, das geltende Recht schriftlich niederzulegen. Zwei Amtsperioden von je einem Jahr brauchte es, um dieses Vorhaben zu bewältigen. Statt aber danach die ihnen zugefallene Macht zurückzugeben, behielten die zehn Männer ihre richterlichen Befugnisse und blieben im Amt. An ihrer Spitze stand Appius Claudius. Die Plebejer leisteten Widerstand, denn ihre politischen Rechte wurden beschnitten, unter anderem durch die Abschaffung des Volkstribunats. Aber auch eine wichtige Senatorengruppe trat der Usurpation entgegen. Zu diesen inneren Schwierigkeiten gesellten sich außenpolitische, so daß die von Titus Livius im dritten Buch (III, S. 44—48) seiner ,,Libri ab urbe condita''[29]) berichtete Geschichte vom Tode der Jungfrau Virginia vor einem politisch brisanten Zeithintergrund spielt. Die nachstehende Zusammenfassung der Geschehnisse folgt dieser Quelle.

Appius Claudius wollte Virginia, eine junge Plebejerin, verführen. Ihr Verlobter war der frühere Volkstribun Lucius Icilius, ihr Vater Virginius, ein angesehener Plebejer, der zur Zeit der geschilderten Ereignisse als Befehlshaber einer Abteilung Soldaten im Heer Kriegsdienst tat. Als Geschenke, Versprechungen und Schmeicheleien nichts fruchteten, befahl Appius seinem Schutzbefohlenen Marcus Claudius, er solle Virginia als seine Sklavin beanspruchen und keinesfalls nachgeben, wenn man von ihm fordere, das Mädchen bis zur gerichtlichen Entscheidung freizugeben. Auf dem Markte drohte Marcus Claudius, Virginia mit Gewalt wegzuführen. Das Marktpublikum umringte ihm drohend. Die Menge beruhigte sich erst, als man vor den Richterstuhl des Appius zog. Hier erklärte Marcus Claudius, das Mädchen sei in seinem Hause als Kind einer Sklavin geboren, dort gestohlen und dem Virginius als

---

[29]) Schilderung der römischen Geschichte von den Anfängen bis zum Tode des Drusus 9. v. Chr.; Einteilung in 142 Bücher, von denen nur etwa der vierte Teil erhalten geblieben ist.

Tochter untergeschoben worden — genau wie es vorher mit Appius besprochen worden war. Dieser entschied denn auch zunächst, Virginia habe mit ihrem Herrn und Besitzer zu gehen, bis nach dem Eintreffen ihres angeblichen Vaters aus dem Feldlager die endgültige Gerichtsentscheidung getroffen werden könne. Doch das Dazwischentreten von des Mädchens Oheim und ihres Verlobten, die das Volk sogleich auf ihrer Seite hatten, zwang den Richter Appius, seine Entscheidung zunächst aufzuschieben. Virginia blieb für den Augenblick frei. Ihre nächsten Verwandten leisteten Bürgschaft, und zwei reitende Boten machten sich auf, um Virginius so schnell wie möglich zu benachrichtigen. Zwar versuchte Appius mit einem Brief zu verhindern, daß Virginias Vater das Feldlager verlassen durfte, aber das Sendschreiben kam zu spät. Virginius war schon auf dem Wege.

Am Morgen führte er, angetan mit Trauergewändern Virginia auf den Markt, wo viele Bürger Roms der gerichtlichen Entscheidung harrten. Sie erfolgte, noch ehe Virginius Gelegenheit erhielt, den Ausführungen des Klägers Marcus Claudius zu entgegnen. Virginia wurde von Appius zur Sklavin erklärt. Die Menge reagierte mit starrem Erstaunen auf diesen Frevel. Sie beugte sich aber der Macht, und Virginius mußte erkennen, daß niemand mehr das Mädchen vor den Lüsten des Appius zu bewahren vermochte. Mit dem Ruf: „Dies ist das einzige Mittel, meine Tochter, dir die Freiheit zu verschaffen!" tötete er Virginia durch einen Messerstich in die Brust. Danach gelang es ihm zu entfliehen. Die Unrechtstat des Appius Claudius an Virginia wurde zum Signal für Volksunruhen, die schließlich zur Beendigung der Herrschaft der Decemvirn führten.

Als sich Lessing dem Stoff näherte, plante er zunächst in enger Anlehnung an die Geschichte vom Opfertod der jungen Plebejerin ein heroisch-politisches Römerstück. Doch mehr und mehr fand der menschliche Inhalt des Konflikts seine Aufmerksamkeit, und die Staatsaktion trat aus dem Blickfeld, wie Lessings Brief an Nicolai vom Januar 1758 bestätigt:[30]) Die Heroine der pathetischen Haupt- und

---

[30]) siehe „Entstehung und Wirkung"

Staatsaktion (Schmidt) wandelt sich zur ‚bürgerlichen Virginia' – der Emilia Galotti:

,,Am Hofe von Guastalla – denn in Deutschland durfte Lessing sein revolutionäres Werk nicht ansiedeln – zeigte er die Willkür eines gewissenlosen Fürsten und dienstfertiger Kreaturen, gedungene Banditen und abgetane Mätressen in der Nachbarschaft, in der Ferne grollende Edle. Aber Lessing zeichnete mehr deutsche als italienische Zustände und Figuren; denn auf die Lokalfarbe war man zu jener Zeit gar nicht versessen, und die sächsischen Auguste, frivol, gewandt, üppig, Mäzene der bildenden Kunst, kannte er besser als einen Duca jenseits der Alpen. Sein Marinelli mit dem an Macchiavelli anklingenden Namen ist kein italienisch-jesuitischer Hofmann. Der heißblütige Odoardo hat doch eine Beimischung deutschen Phlegmas; die Welsche Orsina eine starke Dosis nördlicher Verzweiflungsphilosophie."[31])

Lessing lokalisierte die Handlung in einem italienischen Kleinstaat. Personen- und Ortsnamen schufen den Eindruck einer gesellschaftlichen Realität, die den deutschen Verhältnissen entsprach. Dadurch wurde das Stück ‚wahr' im Sinne des Typischen, und ein zeitgenössisches Publikum sogar angeregt – entgegen den Intentionen Lessings – in der Gräfin Orsina eine Anspielung auf des Erbprinzen Mätresse, Gräfin Branconi, zu vermuten. Die Einheit der Zeit wird durch die Konzentration der Geschehnisse auf einen einzigen Tag dramaturgisch meisterhaft eingehalten. Von der folgerichtigen, konzentrierten Fabel profitiert die Bühnenwirksamkeit des Trauerspiels:

Der Prinz von Guastalla, ein launischer Lebemann und gebildeter Despot, verliebt sich in Emilia Galotti. Er will sie zur Geliebten und weist seine bisherige Mätresse, die Gräfin Orsina, in verletzender Form ab. Marchese Marinelli, durch rücksichtsloses Intrigantentum zum Kammerherrn aufgestiegen, setzt einen Plan in Szene, der Emilia in die Arme des Prinzen treiben soll: Ein Überfall wird vorgetäuscht, Emilias Verlobter getötet und das ‚gerettete' Mäd-

[31]) Erich Schmidt, Lessing. Geschichte seines Lebens und seiner Schriften, Bd. 2, S. 10

chen nebst seiner Mutter auf das Lustschloß des Prinzen gebracht. Gräfin Orsina durchschaut die Intrige und offenbart sie Odoardo Galotti, dem Vater des Mädchens, der aus Besorgnis auf die Nachricht von dem Überfall herbeigeeilt ist. Die ehemalige Mätresse gibt dem erbitterten Vater einen Dolch, die spätere Mordwaffe, um ihre Rache zu verwirklichen. Als Emilia sich schließlich töten will, um der Gewalt der Verführung zu entgehen, entwindet Odoardo ihr den Dolch und versetzt ihr den Todesstoß. Mit letzter Lebenskraft dankt ihm Emilia dafür. Der Prinz läßt nun voller Entsetzen Marinelli, den Urheber des teuflischen Planes, fallen. Odoardo stellt sich der irdischen und der himmlischen Gerechtigkeit. Mit dem Motiv vom Jüngsten Gericht klingt das Stück aus.

Erläuterungen zum Text

I, 1

Prinz: von lat. princeps über afr. prince „der Erste" (Rangfolge), bis ins 19. Jh. in der Bedeutung von „Fürst"; dann Bedeutungswandel zu „nichtregierendes Mitglied eines regierenden Hauses"
durchläuft: überfliegen, flüchtig durchgehen
gefodert: gefordert
Marchese: ital. Adelstitel, entspricht dem französischen Marquis, zurückgehend auf Markgraf, im Rang zwischen Herzog und Graf
Läufer: Bedienter für Botengänge, welcher dem Wagen seines Herrn voraneilte wie später die „Vorreiter"; zum Zeichen ihrer Aufgabe trugen sie einen Stock mit Knopf und Quasten
So braucht der Läufer um so weniger zu warten: wenn Gräfin Orsina bereits in der Stadt ist, wird sie der Prinz ohnehin bald sehen
Aber – ich habe!: das Perfekt deutet die Affäre mit der Orsina als eine abgeschlossene Episode; dem Sinne nach ist zu ergänzen „ . . . und nun ist es vorbei"

I, 2

die Kunst geht nach Brot: um seinen Lebensunterhalt zu sichern, arbeitet der Künstler auf Bestellung; die Wendung geht zurück auf Luther „So wohlfeil ist jetzt die Kunst, daß sie schier muß nach Brot gehen"
zu sitzen: Modell für das bestellte Porträt zu sitzen

I, 3

der beschwerliche Maler: der lästige Maler
auf einen anderen Grund: Malgrund, auch Grundierung; hier übertragene Bedeutung; dem Sinne nach etwa „eine andere Beziehung"
ich bin so besser: ergänze „dran", ich befinde mich so besser

die plastische Natur: von griech. plastikos – „geformt''; die gestaltende Natur

ohne den Abfall: Der Künstler gleicht das Zurückbleiben der Materie gegenüber den Idealen der Natur mit seiner Kunst aus.

das Verderb: in späteren Ausgaben „der Verderb'', die Schädigung; hier im Sinne von ‚Altern'

noch eins so viel wert: doppelt so viel wert

Oh, das wahre Original!: dem Sinne nach „Ja, so spricht die Gräfin''

Grazie: „die Grazien Euphrosyne (Frohsinn), Aglaja (Glanz) und Thalia (Blühende) waren Begleiterinnen der Liebesgöttin in der Antike. Sie verkörperten die Heiterkeit, Schönheit und Anmut.

wollüstiger Spötter: der Mund der Gräfin Orsina

hervorragenden: wörtliche Bedeutung, vorstehende Augen

Medusenaugen: Das Medusenhaupt ist in der griechischen Sagenwelt ein Sinnbild des Furchtbaren. Sein Blick versteinert.

. . . den Liebhaber noch ebenso warm findet, als warm er es bestellte: Adjektivwiederholung soll den Begriff unterstreichen; dem Sinne nach „daß die Gefühle des Liebhabers nicht erkaltet sein mögen''

des Künstlers eigene Gebieterin: des Künstlers Geliebte

Vegghia: Abendgesellschaft, von lat. vigilia – Nachtwache; sie fand im Hause des Kanzlers Grimaldi statt (vgl. II, 4)

wieder vorgekommen: wieder begegnet

Sabionetta: Stammsitz einer Seitenlinie der Gonzaga, um den im 17. Jahrhundert durch die Herzöge von Guastalla langwierig prozessiert wurde

Degen: ein tapferer Kämpfer, vom mhd. ‚degen'; erhalten in ‚Haudegen'

Oh, Sie wissen es ja wohl, Conti, daß man den Künstler dann erst recht lobt, wenn man über sein Werk sein Lob vergißt: Im 36. Stück der „Hamburgischen Dramaturgie'' sagt Lessing: „Das wahre Meisterstück erfüllt uns so ganz mit sich selbst, daß wir des Urhebers darüber vergesse daß wir es nicht als das Produkt eines einzelnen Wese sondern der allgemeinen Natur betrachten …" Schiller greift in „Kabale und Liebe" diesen Gedanken auf, indem er Luise in I, 3 sagen läßt: „Wenn wir ihn über dem Gemälde vernachlässigen, findet sich ja der Künstler am meisten gelobt".

Raphael: Raffaelo Santi (1483–1520), bedeutender italienischer Maler der Hochrenaissance; Schöpfer berühmter Madonnenbilder, Fresken und Porträts

Die Schilderei selbst: das Gemälde selbst

ist doch nicht schon versagt?: ist doch nicht schon einem anderen zugesagt?

Studio: ital.–Studie

I, 5

wohlfeil: billig

Noch bin ich mit dir zu neidisch: hier dem Sinne nach „auf das Bild eifersüchtig sein", d. h. den Anblick des Bildes niemandem gönnen

I, 6

einkömmt: einfällt, in den Sinn kommt

in gutem Ernste: im Ernst, aufrichtig

Massa: Provinz in Toscana

versprochen: verlobt

mit ein wenig Larve: mit einem hübschen Gesicht, hier abwertend gebraucht

von Tugend und Gefühl und Witz: Im 18. Jh. hatte „Witz" etwa die Bedeutung von „Verstand, Geist"; vgl. den Titel der Beilage zur „Vossischen Zeitung", die Lessing zeitweise redigierte: „Das Neueste aus dem Reiche des Witzes". Diese Bedeutung klingt heute noch an in „Mutterwitz" bzw. „gewitzt".

Piemont: Landschaft in den italienischen Westalpen, die Frankreich und die Schweiz grenzt

...rsetzung des französischen „Mesallian-

...heverbindung

feierlicher Brauch,

hier Bezeichnung für die sorgfältige Beobachtung der Regeln des gesellschaftlichen Umgangs

Henker!: Der Prinz flucht hier nicht; das Wort Henker steht vielmehr im unmittelbaren Textbezug zu der Aufforderung „Stoß mir den Dolch ins Herz!". Marinelli wird zum ‚Henker', indem er seinem Herrn mit der Nachricht von Emilias Vermählung den Todesstoß gibt.

Ebendas wollt' ich in die Seele der Orsina schwören: Marinelli will für die Orsina mit schwören, daß auch sie von dieser Liebe nicht die geringste Ahnung hatte.

Sie sehen mich einen Raub der Wellen: bildhaft für „auf einem sturmgepeitschten Meer steuerlos umhergetrieben", sinnbildlich „der Leidenschaft verfallen"

Waren: hier Anspielung auf die Jungfernschaft Emilias

I, 7

den Pfeil noch tiefer: Anspielung auf Amors Liebespfeil

bei den Dominikanern: 1216 vom heiligen Dominikus in Toulouse gestifteter Mönchsorden

Vorsprecherin: Fürsprecherin; durch die Gleichheit des Vornamens Emilia

I, 8

Es kann Anstand damit haben: es kann aufgeschoben werden

Morgen, Rota, ein Mehres!: Archaismus für „mehreres", dem Sinne nach „Morgen sehen wir weiter!"

II, 1

Wer sprengte da in den Hof?: Wer kam schnell in den Hof geritten?

II, 2

Besuche auf heute zu verbitten: Besucher für diesen Ta⸱ auf höfliche Weise wegzuschicken *vogelfrei:* rechtlos, d. h. der Verfolgung und Willkür durch jeden preisgegeben; der Leichnam wird den Vögeln als Aas freigegeben – daher „vogelfrei"

Pisa: Hauptstadt der toskanischen Provinz gleichen Namens, gelegen am Arno, berühmt durch den „Schiefen Turm von Pisa"

hundert Pistolen: ursprünglich spanische Goldmünze, dann gleichbedeutend mit Louisdor oder Friedrichsdor, Goldmünze im Wert von fünf Talern, vom span. piastola – Goldplättchen

wie hoch du deinen Kopf feil trägst: hier dem Sinne nach ‚ob du deinen Kopf für viel oder wenig Geld verlierst, wo er doch ohnehin schon verloren ist'

Anschlag: Plan, Absicht mit für den Betroffenen nachteiligen Folgen

Equipage: herrschaftliche Kutsche

deines Anblicks so zu verfehlen: dich nicht gesehen zu haben

der Entschluß, in seinen väterlichen Tälern sich selbst zu leben: auf eine Hofkarriere zu verzichten

wenn anders: sofern

mit eins: auf einmal, im Zusammenhang

Das heilige Amt: die Messe, vgl. Hochamt

Die Furcht hat ihren besonderen Sinn: im Zustand der Furcht sind unsere Sinneswahrnehmungen unzuverlässig; wir nehmen Erscheinungen wahr, die nicht da sind

nicht ohne Mißfallen: dem Sinne nach „nicht ohne Wohlgefallen"

anders dabei nehmen: anders dabei benehmen

Ich war mir Sie in dem Vorzimmer nicht vermutend: Ich vermutete Sie nicht im Vorzimmer; selten vorkommender prädikativer Gebrauch des Partizips Präsens, als Mittel der Sprachcharakterisierung eingesetzt, betont er die Förmlichkeit, vgl. IV, 3 „der Gräfin Orsina nicht vermutend"
schwanger mit so viel Glückseligkeit: dem Sinne nach „von Glücksgefühlen bewegt", vgl. „unheilschwanger"
wie sah ich: wie sah ich aus
wie sie die Natur schlug: Naturwelle, nicht künstlich umgeformtes Haar

II, 8

noch gar nicht ausgelaufen sein: bildhaft für „noch gar nicht auf den Weg begeben haben", entlehnt aus dem Bereich der Schiffahrt
ehegestern: vorgestern

II, 9

ein dringendes Geschäft an Sie: einen eiligen Auftrag für Sie

II, 10

ruhmredig: prahlerisch
die Ehre . . . verbitten: die Ehre ausschlagen
der Vasall eines größeren Herrn: Appiani ist nicht Untertan des Prinzen; Vasall–Lehnsmann, Gefolgsmann
Zeremonie: hier abwertend für ‚Trauung'
Spaziergang mit Ihnen: hier Umschreibung für das Duell, zu dessen Austragung man einen geeigneten Ort hätte aufsuchen müssen

II, 11

des Ganges . . . überhoben: den Besuch beim Prinzen überflüssig gemacht

sich dabei genommen: sich dabei benommen
in die Schanze schlagen: aufs Spiel setzen
in Harnisch zu jagen: in Zorn zu bringen, um seine Selbstbeherrschung zu bringen
selbst funfziger: er selbst mit neunundvierzig anderen

Anstalten: Vorbereitungen, Anweisungen
Planke: lat. planca – Brett, hier Bretterzaun
Tiergarten: Tiergehege zu Jagdzwecken
eine Maske: ein Maskierter

III, 2

Anzeigen: Anzeichen
Wind gehabt: aus der Jägersprache, hier ,,eine Ahnung
gehabt haben''
das Bad mit bezahlen: auch hat sterben müssen, vgl.
,,ausbaden''
Knicker: Geizkragen

III, 3

das Vornehmste: das Wichtigste

III, 4

glückliches Unglück: Oxymoron (Zusammenfügung einander widersprechender Begriffe zu einer Stilfigur), vgl. V,5
,,stolze Bescheidenheit'', ,,die süßen Kränkungen''
ohnfern: unweit
er floh . . . zu Hilfe: er eilte zu Hilfe

III, 5

mit eins: sogleich
Nur falle Ihnen nie bei: Nur, lassen Sie sich niemals einfal-
len, kommen Sie nicht auf die Idee

III, 6

so etwas von einer Schwiegermutter: d. h., wenigstens die
Mutter der Mätresse zu sein
innerhalb: (Regiebemerkung) „innerhalb der Kulissen",
genauer „hinter den Kulissen"

III, 7

aufgehobner: besser aufgehoben

III, 8

der Allerreinsten: der Jungfrau Maria
Sie schwärmen: hier „unvernünftig reden"

IV, 1

muß Licht von Ihnen haben: Sie müssen mich aufklären
zu verhüten, daß niemanden Leides geschähe: Pleonas-
mus, dem Sinn nach „daß jemandem Leid geschieht"
Knall und Fall: bildhaft für „unvermittelt"
ausgefodert: zum Duell gefordert
Mit einer angenommenen Hitze: (Regiebemerkung), dem
Sinne nach „mit übertrieben zur Schau getragenem Ge-
kränktstein"
Ich will Rede: reden Sie, rechtfertigen Sie sich
voritzo: vorerst, vorläufig
einfältig: einfach
*und der Prinz indes den Grund meines Gebäudes unter-
grub?* Tatsächlich hat der mit Marinelli nicht abgespro-
chene Besuch des Prinzen in der Kirche (vgl. IV,7) verhängnisvolle Wirkungen.
Traun!: fürwahr, wahrhaftig

IV, 2

auf Kundschaft kommen: um zu spionieren
einen elenden Wortwechsel: weiter nichts als einen Wortwechsel, einen unbedeutenden Wortwechsel

38

geschäftiger Augendiener: eifriger Schmeichler
Er wenigstens ist der Gräfin Orsina hier nicht vermutend:
Er wenigstens vermutet die Gräfin Orsina hier nicht.
Mich verachtet man auch!: Als wenn man mich verachten
könnte!
ekel: ekelhaft, widerlich
Stock: hier „grober, unbeholfener Kerl"
Vorsicht: Vorsehung
sonst bin ich es wohl gar nicht imstande: „es" ist ein alter
Genitiv; dazu imstande
wir sollen uns sprechen: nämlich nach dem Willen der
Vorsehung

unentschlüssig: (Regiebemerkung), in späteren Ausgaben
„unschlüssig"

jeden Überlästigen: jeden, der zu lästig fällt
keinen Augenblick abmüßigen: keinen Augenblick entfernen, freimachen

daß ich meine Schuldigkeit beobachte: daß ich tue, wozu
ich verpflichtet bin; daß ich meine Höflichkeitspflicht erfül-
le

beiher: nebenbei
ohne Gewehr: ohne Waffe
Schubsäcke: (Regiebemerkung), Taschen, in die man
etwas schiebt
Bacchantinnen: Begleiterinnen des Weingottes Bacchus
Furien: Rachegöttinnen in der antiken Mythologie, (griech.
Erinnyen), vgl. Schillers „Die Kraniche des Ibykus"

IV, 8

Du mußt mit ihr herein: in die Stadt

V, 1

Arkade: von lat. arcus – Bogen, auf Säulen ruhender Bogengang
um ein Großes ruhiger: viel ruhiger
Neidhart: Neider, unversöhnlicher Gegner; Marinelli spielt damit auf die Erwerbung Sabionettas an (vgl. I, 4)
Nur, Marinelli: ergänze ,,nicht wieder mit Gewalt und Mord''

V, 2

für Eifersucht: vor Eifersucht
mein Sohn: gemeint ist Appiani
ein ganz anderer: Anspielung auf Röm. 12, 19: ,,Die Rache ist mein, ich will vergelten, spricht der Herr''

V, 3

würde diese Ehre haben verbitten müssen: dem Sinne nach ,,sie hätte dieses Angebot ablehnen müssen''
vors erste: vorerst, fürs erste

V, 4

Hofschranze: von mhd. schranz – Modegeck; abwertend für ,,schmeichlerischer Höfling''

itzt: jetzt
Was haben Sie mit sich?: Worüber denken Sie nach?
darauf anzutragen: zu fordern, den Antrag zu stellen
Geck: Narr
die gute Sibylle: Name weissagender Frauen in der Antike; gemeint ist die Gräfin Orsina

wenn sie mit ihm sich verstünde: dem Sinne nach „wenn Emilia mit dem Prinzen einig wäre"; vgl. Orsina IV, 7 „Sie hatten nichts Kleines abzureden" und Marinelli V, 5 „ein begünstigter Nebenbuhler"

sie vergriff sich im Tone: sie vergriff sich im Material, Stoff
Nichts Schlimmeres . . . Heilige: Legenden berichten von Frauen und Mädchen, die sich durch Selbsttötung der Schändung entzogen.
Ehedem gab es wohl einen Vater: Anspielung auf die von Livius überlieferte Geschichte der Virginia
den ersten, den besten Stahl: den ersten besten Stahl, der gerade zur Hand war

Ist es zum Unglücke . . . verstellen?: Genügt es nicht schon, daß Fürsten durch ihre menschlichen Schwächen manchem Unglück bringen? Müssen sich auch noch teuflische Menschen als ihre Freunde ausgeben und sie zu Schandtaten verleiten?

Interpretation des Handlungsganges

Erster Aufzug

Acht Auftritte; Schauplatz: ein Kabinett des Prinzen; Zeit: am frühen Morgen; Exposition: Vorbereitung des Anschlags

I, 1

Der Prinz arbeitet, doch er tut es ohne rechte Konzentration. Klagen und Bittschriften sind ihm „traurige Geschäfte". Im Lande scheint es nicht zum besten zu stehen. Die Bitte einer Emilia Bruneschi wird trotz unbescheidener Forderungen spornstreichs gewährt, so gebietet es eine prinzliche Laune; denn der Name erinnert an Emilia Galotti. Jetzt sind ihm die trockenen Pflichten vollends zuwider. Er bestellt den Wagen für eine Ausfahrt und Marchese Marinelli zur Begleitung. Doch zunächst bringt der Kammerdiener einen Brief der Gräfin Orsina und die Nachricht, die Absenderin sei „gestern in die Stadt gekommen". Also bleibt der Brief ungelesen; denn zum einen ist des Prinzen Herz voll von jenem Zaubernamen ‚Emilia', und zum anderen ist der Liebeshandel mit der Orsina nur mehr eine unbequeme Erinnerung. Die Meldung, der Maler Conti sei eingetroffen, kommt dem Fürsten gerade recht. Der Künstler wird ihn auf andere Gedanken bringen.

I, 2

Conti tritt ein, und es fällt der erste Schlüsselsatz des Stückes: „. . . die Kunst geht nach Brot".

Nicht von ungefähr befindet ein zeitgenössischer Rezensent: „Die ganze Unterredung zwischen dem Maler und dem Prinzen kann, wo die Rede von seiner Kunst ist, mit einigen sehr wenigen Abänderungen auch von dem Drama gelten".[32] Das Mäzenatentum des Prinzen offen-

---

[32]) vgl. Julius W. Braun, Lessing im Urtheile seiner Zeitgenossen, S. 402

bart sich zwar sogleich. Er versichert, in seinem Gebiet müsse das die Kunst nicht. Aber solcher Enthusiasmus wird nicht durchgehalten. Wie sich sehr bald zeigt, ist des Prinzen Freude an der Kunst recht sujetbestimmt, eher Laune als Prinzip. Wäre wohl Contis Honorar vergleichbar üppig ausgefallen, so er nur das Konterfei der Orsina zu bieten gehabt hätte? Wie nahe liegt hier ein Gedanke an Lessings eigene materielle Situation! Werner Kraft verdient Zustimmung: „(Contis) Antwort hat den vollen Klang der gesellschaftlichen, den Klang von Lessings eigener dunkler Wahrheit, sie ist zitatreif."[33]) Conti geht, um die mitgebrachten Porträts aus dem Vorzimmer zu holen: das befohlene der Orsina, welches dem Prinzen nun nur noch Unbehagen bereitet und das unbefohlene der Emilia Galotti.

I, 3

Für einen Augenblick allein geblieben, sinnt der Prinz in einem kurzen Monolog nach über die Verwirrung seiner Gefühle. Gewiß könnte ihn das Bild der Orsina an die Zeit ihrer Liebe erinnern; doch er will nicht zurück zu jener leichten und fröhlichen Behaglichkeit. In der Unruhe seines Herzens fühlt er sich besser.

I, 4

Das befohlene Porträt findet der Prinz vortrefflich, jedoch „unendlich geschmeichelt". Conti verteidigt sich mit einer Sentenz, die den Satz von der Kunst, die nach Brot geht, in eine andere Beleuchtung rückt: Die Kunst müsse schmeichelnd malen, um das Ideal der Natur zu erreichen und „ohne das Verderb, mit welchem die Zeit dagegen ankämpft". Überdies habe sich das Original, die Gräfin Orsina, keineswegs über Gebühr schmeichelhaft dargestellt empfunden. Sarkastisch ist der Kommentar des Prinzen, in dem er mit äußerster Gefühlskälte jene physiognomischen Mängel der Gräfin herzählt, die Contis Porträtkunst schönend gemildert hat – bis hin zu den „großen, hervorragen-

---

[33]) vgl. Die Neue Rundschau. Erstes Heft. 1961, S. 224

den, stieren, starren Medusenaugen". Wahrhaftig! Mit dem Blick der Liebe sieht er das fertige Bild nicht, und Conti hat alle Ursache, diesen Widerspruch zwischen dem heißblütig anbetenden Auftraggeber und dem nunmehr recht abgekühlten Empfänger des Gemäldes zu rügen: „Augen der Liebe müßten uns auch nur beurteilen." Endlich kommt man zu dem zweiten, bis dahin umgekehrt abgestellten Bild. Es zeigt Emilia Galotti, jenen „Engel", den der Prinz wohl kennt, und von dessen Vater Odoardo er weiß, daß dieser sein Freund nicht ist. „Wie aus dem Spiegel gestohlen" erscheint das Mädchenporträt zu seinem Entzücken. Der Prinz ist hingerissen: „Oh, Sie wissen es ja wohl, Conti, daß man den Künstler dann erst recht lobt, wenn man über sein Werk sein Lob vergißt."

Später wird Schiller diesen Gedanken in „Kabale und Liebe" verwenden.[34])

Auch Conti ist von der Schönheit Emilias als Künstler begeistert. Er empfindet es als Glück, daß ihm das Mädchen Modell gesessen hat; doch vergilt er die ihm zuteil gewordene Glückseligkeit mit einem Vertrauensbruch: Das von Odoardo Galotti in Auftrag gegebene Originalgemälde hat er kopiert, und die Kopie wird nun dem Fürsten übereignet – gegen fürstlichen Lohn.

Gleichgültig schickt der Prinz das Orsina-Porträt zum Rahmenschnitzer. Emilias Konterfei hingegen gibt er nicht aus der Hand. In seinem Gebiet soll die Kunst nicht nach Brot gehen, wiederholt Hettore Gonzaga. Diese Emilia zu besitzen, ist ihm nichts zu teuer: „Conti, soviel Sie wollen." Für den Maler hat sich das „Studium der weiblichen Schönheit" ausgezahlt.

Ungetadelt entläßt ihn der Dichter aus seinem Stück. Merkantile Tüchtigkeit und Lauterkeit des Charakters, Geschäftssinn und Edelmut waren dem Lessing-Jahrhundert durchaus keine Gegensätze. Man denke an die Gestalt des weisen Kaufmanns Nathan.

---

[34]) vgl. „Kabale und Liebe" I, 3: „Wenn wir ihn über dem Gemälde vernachlässigen, findet sich ja der Künstler am feinsten gelobt."

Der Preis für das Porträt läßt die Frage aufkommen nach
dem Preis der Porträtierten. Das Bild wirkt aphrodisisch,
und der Wunsch, seinen Gelüsten zu frönen, löst – folgerichtig – in dem Prinzen die Vorstellung vom Kauf des Ob-
jekts seiner sinnlichen Begierde aus. Denn nur als Objekt
vermag er, der Herrscher, Emilia zu sehen. Es sind die Erfahrungen höfischen Lebens, und es ist die Moral des
Hofes, die diesen kurzen Monolog Hettore Gonzagas prägen. Als Schritte näherkommen, dreht er das Bild zur
Wand: ,,Noch bin ich mit dir zu neidisch.''

Herein tritt Marchese Marinelli. ,,Hofteufel'' nennt ihn K.
Borinski[35]), und in der Tat, zu einer Art Teufelspakt kommt
es in diesem Auftritt. Der Kammerherr weiß nichts Neues
von Belang, wie er meint. Daß die Orsina in der Stadt weilt,
ist dem Prinzen schon bekannt, obwohl er ihren Brief noch
immer nicht gelesen hat, wohl auch gerade deswegen
nicht. Die nahe Vermählung mit der Prinzessin von Massa.
hat mit dem Ende der Orsina-Affäre nichts zu tun, außer
daß sie einen willkommenen Vorwand bot. Die Bekundung
Hettores: ,,Mein Herz wird das Opfer eines elenden Staats-
interesse'' wird von dem erfahrenen Höfling Marinelli denn
auch nicht anders aufgenommen: ,,Neben so einer Ge-
mahlin sieht die Geliebte immer ihren Platz'' – will sagen,
in einer politisch motivierten Zweckehe bleibt das Herz
frei. Marinelli berichtet, die Gräfin habe in ihrem Liebesleid
Zuflucht zu den Büchern genommen, und findet kalte Verachtung: ,,Wenn sie aus Liebe närrisch wird, so wäre sie
es früher oder später auch ohne Liebe geworden – Und
nun genug von Ihr!''

Wieder glaubt der Kammerherr, ,,so gut wie gar nichts'' zu
berichten, als er von der unmittelbar bevorstehenden Verbindung des Grafen Appiani mit Emilia Galotti spricht,
aber er erlebt einen Gefühlsausbruch seines Fürsten, der

---

[35]) vgl. Lessing. Bd. 1, S. 178

sich bis zu grotesker Leidenschaftlichkeit steigert. Eben noch wußte der Prinz den Grafen Appiani freundlich zu loben, eben noch konnte er sich überlegen mokieren über die Langweiligkeit der „ersten Häuser" in der Residenzstadt – da fällt der Name der Braut: Emilia Galotti. Und schon ist aus dem weltmännischen Fürsten der fluchende, herumtobende, unbeherrschte Wollüstling geworden, der nur noch die Furcht kennt, das Objekt seiner Begierde könnte ihm verloren sein.

Marinellis zynischer Trost verfängt nicht: „Was Sie versäumt haben, gnädiger Herr, der Emilia Galotti zu bekennen, das bekennen Sie nun der Gräfin Appiani. Waren, die man aus der ersten Hand nicht haben kann, kauft man aus der zweiten – und solche Waren nicht selten aus der zweiten um soviel wohlfeiler." Wenngleich in einer anderen Konstellation der dramatischen Figuren wird Präsident von Walter zu Wurm sagen: „Dummer Teufel, was verschlägt es denn Ihm, ob er die Karolin frisch aus der Münze oder vom Bankier bekommt?"[36]) Der Prinz fordert in der Not seiner Triebhaftigkeit den Marchese auf: „Denken Sie für mich", und sofort schwingt sich – ganz im Sinne seiner vorherigen Ermahnungen – der Kammerherr zum „Herrn" auf. Er denkt – und brütet mit der Versicherung des Prinzen im Rücken, „alles zu genehmigen", seinen Plan aus: Appiani soll noch am gleichen Tag in Sachen der prinzlichen Vermählung als Gesandter nach Massa reisen. Der Prinz müsse sich sofort nach dem Lustschlosse Dosalo begeben, um dort auf Appiani zu warten und ihn mit dieser Mission offiziell zu betrauen. In einem unvollendeten Satz deutet sich an, daß Marinelli nicht ausschließlich *diesem* Plan vertraut: „Wenn es mir nicht gelingt, den Grafen augenblicklich zu entfernen; so denk ich . . ." Der Fürst nutzt das „Gehirnchen" (siehe IV, 3) Marinelli als fürchterliches Instrument im Dienste seiner Begehrlichkeit. Er zeigt sich blind für die entsetzlichen Möglichkeiten eines solchen Pakts.

---

[36] vgl. „Kabale und Liebe", I, 5

Der Prinz hat ausgerast. Er ergeht sich in Selbstvorwürfen.
Zu lange hat er geschmachtet und geseufzt, statt etwas
für Emilias Eroberung zu tun. Jetzt hängt alles vom Gelingen des Planes ab, den Marinelli entwickelt hat. Der Gedanke daran stimmt den Prinzen bedenklich. Marinelli
könnte erfolglos bleiben. So faßt er den Entschluß, mit
Emilia in der Morgenandacht der Dominikaner selbst zu
sprechen, wenngleich die Wahrscheinlichkeit, ihr dort am
Hochzeitsmorgen zu begegnen, recht gering ist. Dieser
‚Gang‘ in die Kirche führt geradewegs in Richtung der Katastrophe. Mit dem Besuch der Messe zerstört Hettore
Gonzaga jegliche Aussicht auf das Gelingen von Marinellis Plan. Ohne diesen auf eigene Faust unternommenen
Kirchgang hätte niemand einen Anschlag vermutet, der
vom Fürsten ausging. Doch nicht nur Emilias Mutter Claudia wird von dem Liebesgeständnis in der Andacht erfahren, sondern auch die Orsina, und das Verhängnis nimmt
seinen Lauf.

Fast scheint es, eine ernste Amtsverrichtung könnte im
letzten Augenblick den verhängnisvollen „Gang" verhindern. Der Rat Camillo Rota wird gemeldet.

Als erstes übergibt ihm der Prinz die Bittschrift jener Emilia Bruneschi. Jetzt, wo durch die Nachricht von der bevorstehenden Eheschließung der Galotti-Tochter des Fürsten Geberlaune verflogen ist, soll Rota die letzte, die eigentliche Entscheidung treffen: „. . . die Sache ist keine
Kleinigkeit".

Noch viel weniger eine Kleinigkeit ist die andere „Sache"
mit der anderen Emilia. Aber auch hier hat der Prinz die
Ausführung aus der Hand gegeben. Als Fürst, sagt W.
Kraft, habe der Prinz nicht handeln müssen und sei deshalb „als Mensch keiner überlegten Handlung fähig".[37]

---

[37]) vgl. Die Neue Rundschau. Erstes Heft. 1961, S. 205

Dies bestätigen nicht nur die von Launen bestimmte Behandlung der Bittschrift und der verhängnisvolle, spontane Besuch in der Dominikanermesse, sondern auch des Prinzen eilige Bereitschaft, ein Todesurteil zu unterschreiben, ohne jedes Wenn und Aber: „Recht gern. – Nur her! geschwind." Der Rat gibt vor, den Akt vergessen zu haben; denn er sieht: ein Blinder hätte unterschrieben – blind für die Situation, blind für die Realitäten, blind für die schicksalhafte Bedeutung des Augenblicks.

„... dieses gräßliche Recht gern" ist das letzte Wort im Aufzug der Exposition und scheint eine Metapher für die dem Spiel eigene Willfährigkeit der dramatischen Figuren, Einflüssen und Situationen nachzugeben, die der Katastrophe entgegendrängen. J. Schröder nennt unter anderem folgende Stichworte zur Handlung: den Verstand verlieren, Wut, Übereilung, Ratlosigkeit, ‚wild' und ‚hitzig' ausbrechen.[38])

Zweiter Aufzug

Elf Auftritte; Schauplatz: ein Saal in dem Hause der Galotti; Zeit: kurz vor der Morgenmesse; Graf Appiani und die Familie Galotti erkennen die Zeichen der herannahenden Gefahr nicht.

II, 1

Am Hochzeitsmorgen der Tochter Emilia erscheint ihr Vater, Oberst Odoardo Galotti, zu einem kurzen überraschenden Morgenbesuch im Stadthause der Familie.

Er lebt von Frau Claudia und Emilia getrennt auf dem Landgute, während die Mutter das Stadtleben aus mancherlei Gründen vorzieht, zuerst aber, um Emilias Zukunftsaussichten zu fördern. „Die Galottis sind Adlige ohne Vermögen und ohne Rang, man respektiert nur ihre

---

[38]) vgl. G. E. Lessing – Sprache und Drama, S. 198

musterhafte Tugend, um sich freilich zugleich hinter ihrem Rücken über sie lustig zu machen. Eben dieser isolierten Stellung halber konnte man zu Lessings Zeiten die Galottis einfach mit bürgerlichen Menschen gleichsetzen.''[39])

II, 2

Odoardo hört, Emilia weile in der Morgenmesse. Die wenigen Schritte bis dorthin ist sie allein gegangen – zum Unmut des Vaters; denn schon ,,einer ist genug zu einem Fehltritt''. Dieses Wort läßt aufhorchen. Es ist ein glückliches Produkt sprachlicher Ökonomie: Anhaltspunkt für die Charakterisierung Odoardos, Anregung zur Frage nach Emilias Verführbarkeit und kritischer Kontrapunkt zu der vom prinzlichen Hofe ausgehenden Moralgefährdung in einem – im Bannkreis dieser Gefahr ist Bürgermißtrauen eine Notwendigkeit. Noch hat der Zuschauer das ,,Recht gern'' des Prinzen im Ohr.

Claudia und Odoardo treten ins Haus. Der Diener Pirro bleibt zurück, um Besucher für diesen Tag abzuweisen.

II, 3

Angelo tritt auf, ein Mörder und Räuber, auf dessen Kopf eine Belohnung steht. Er bringt Pirros Anteil aus der Beute eines gemeinsam begangenen Überfalls und horcht ihn aus über die Einzelheiten der bevorstehenden Fahrt des Hochzeitszuges zum Landgut der Galottis. Angelo kennt den Obersten. Er hat unter ihm gedient. Pirro merkt endlich, daß ein Anschlag geplant ist und erhebt Einwände. Doch er ist durch seine Mitschuld an der gemeinsam begangenen Schandtat dem Banditen in die Hand gegeben. Es wird ihm nichts übrigbleiben, als dem Hochzeitszug voranzureiten und sich um nichts zu kümmern.

Im Dienste der dramatischen Konstruktion strapaziert Lessing hier den Zufall bis an die Grenze des Tolerierbaren.

---

[39]) Joachim Müller. Wirklichkeit und Klassik, S. 59

Zufällig haben Angelo und Pirro gemeinsam geraubt, zufällig dient Pirro jetzt den Galottis und zufällig – hier für die Handlung eigentlich überflüssig – hat Angelo auch noch unter dem Obersten gedient.

II, 4

Odoardo und Claudia kehren zurück. Noch ist Emilia im Gottesdienst. So sprechen die Eltern über Naheliegendes – die bevorstehende Verbindung mit Appiani. Der Oberst lobt den zukünftigen Schwiegersohn, welcher sein Leben ganz in Odoardos Sinne zu gestalten vorhat, fern vom Hofdienst, „in seinen väterlichen Tälern sich selbst zu leben" und dorthin zu gehen, wo „Unschuld und Ruhe" sind. Die Rousseausche Weltsicht hat in Appiani ihren Jünger gefunden, und Odoardos Überlegung: „Was sollte der Graf hier? Sich bücken, schmeicheln und kriechen und die Marinellis auszustechen suchen? um endlich ein Glück zu machen, dessen er nicht bedarf? um endlich einer Ehre gewürdiget zu werden, die für ihn keine wäre?" kennzeichnet die tiefe Übereinstimmung des Obersten mit Appianis Gesinnung.

Schiller läßt den Sekretarius Wurm sagen: „Was sollten auch die phantastischen Träumereien von Seelengröße und persönlichem Adel an einem Hofe, wo die größte Weisheit diejenige ist, im rechten Tempo, auf eine geschickte Art groß und klein zu sein!"[40]) Auch hier verdeutlicht sich in einem jener zahlreichen Berührungspunkte die Ahnherrschaft der „Emilia" für die „Luise Millerin".

Daß die Gefahren der Stadterziehung an Emilia vorübergegangen sind, erleichtert Odoardo. Als er aber von Claudia erfahren muß, der Prinz habe Emilia im Hause des Kanzlers Grimaldi gesehen und sich von ihrer Schönheit bezaubert gezeigt, regt sich Zorn in ihm über den eitlen Leichtsinn seiner Gattin. Um ihr in seiner Mißlaunigkeit den Morgen der Hochzeit nicht zu verderben, reitet er davon, ohne Emilia gesehen zu haben. Wieder geschieht

---

[40]) vgl. „Kabale und Liebe", III, 1

ein verhängnisvoller Schritt auf die Katastrophe zu. Odoardo erfährt durch seine vorzeitige Entfernung nichts von der Begegnung Emilias mit dem Prinzen in der Kirche. Er bleibt ahnungslos, und die Gefahr rückt näher.

II, 5

Die „rauhe Tugend" ihres Gatten scheint Claudia eine unbequeme Moral. Erstrebenswertes vermag sie in seiner Haltung dem Leben gegenüber nicht zu entdecken: „. . . wenn das die Menschen kennen heißt: – wer sollte sich wünschen, sie zu kennen?"

Daß sie verunsichert ist, zeigen die letzten Wendungen des kurzen Monologs: die Frage nach Emilias Ausbleiben und die Frage nach des Prinzen Beweggründen. Freilich bleibt bei ihrer Art, die Dinge zu sehen, die Logik auf der Strecke: „Er ist des Vaters Feind: folglich – folglich, wenn er ein Auge für die Tochter hat, so ist es einzig, um ihn zu beschimpfen."

II, 6

Emilia stürzt herein, aufgeregt, verwirrt, in Auflösung. Odoardos Besorgnisse und Claudias Unruhe erfahren Bestätigung: „Was ist dem Laster Kirch' und Altar?" sagt Emilia, und wenig später: „Nie hätte meine Andacht inniger, brünstiger sein sollen als heute: nie ist sie weniger gewesen, was sie sein sollte."

Auch Luise Millerin wird die Verwirrung der Gefühle vor dem Altar erleben.[41] Das enge Nebeneinander von Gebet und Begehren, Kirchbesuch und Eros gehört zu den tradierten Literaturmotiven von Boccaccio bis Schiller. Goethes Gretchengestalt steht hier in einer Traditionslinie mit Emilia Galotti und Luise Millerin.

---

[41] vgl. „Kabale und Liebe" I, 3: „Ich hab keine Andacht mehr, Vater – der Himmel und Ferdinand reißen an meiner blutenden Seele . . ."

Der Prinz ist wie Emilia erst nach dem Beginn der Messe eingetroffen. Das bietet ihm Gelegenheit, hinter ihr niederzuknien, da sich Emilia sehr viel weiter vom Altar entfernt befindet, als das sonst der Fall zu sein pflegt. Der Prinz spricht von Liebe. Nach dem Hochamt läuft das Mädchen in Eile davon. In der Halle holt er sie ein und ergreift ihre Hand. Um Vorübergehende nicht aufmerksam werden zu lassen, bleibt Emilia stehen, hört die drängenden Reden des Prinzen, ohne sie zu begreifen, antwortet ihm sogar, ohne zu wissen, was sie sagt, und jagt schließlich dem elterlichen Hause entgegen wie von Furien gehetzt, sich noch immer verfolgt wähnend. Das berichtet sie der Mutter, und Claudia ist unendlich erleichtert, das Odoardo das Haus verlassen hat, ohne von alledem zu erfahren. Mit der Hochzeit, beruhigt sie die Tochter, hätten alle Nachstellungen ein Ende. Emilias Absicht, nun wenigstens den Grafen Appiani von dem Vorfall zu unterrichten, redet ihr die Mutter aus. „Nun ja, meine Mutter! Ich habe keinen Willen gegen den ihrigen" gibt sie nach und wird von dem mütterlichen Wort über die „unbedeutende Sprache der Galanterie" vollends beruhigt.

So wird Appiani ungewarnt bleiben und den Hintergrund der von Marinelli überbrachten Botschaft des Prinzen nicht durchschauen. Selbst von der Feindschaft des Marchese wird er schweigen, um Claudia nicht zu beunruhigen.

Nicht wenige Interpretationen deuten aus der sprachlichen Gestaltung dieses Auftritts unterschiedliche Beweise für zwei konträre Thesen heraus, daß nämlich Emilia auf dem besten Wege sei, sich in den Prinzen zu verlieben – und die gegenteilige Überzeugung: davon könne keine Rede sein. In der Tat findet sich im Text Unterstützendes für beide Auslegungen. Emilias Wort: „Aber, daß fremdes Laster uns wider unsern Willen zu Mitschuldigen machen kann!" scheint sich mit aufkeimender Liebe nur schlecht zu vertragen. Ihre Schuldgefühle erklären sich, psychologisch einleuchtend, aus dem *ungewollten* Kontakt mit einem Mann, der sie unerlaubt begehrt. Diese Begehrlichkeit geweckt zu haben, mag der schwärmerisch-überspannten Braut hinreichender Grund zum Selbstvorwurf gewesen zu sein, zumal die Vatergestalt Odoardos und die Gewalt der Religion bestimmende Schatten auf die Phase der Bewußtwerdung in Emilias Leben geworfen haben.

II, 7

Appiani tritt auf, ein Hochzeiter mit Leichenbittermiene, geschraubte Sprache, feierlich, ernst. E. Schmidt trifft den Nagel auf den Kopf, wenn er ihm „einen müden Spleen" bescheinigt.[42] Es scheint, als sei er weniger in seine schöne Braut verliebt, als in den ehrbaren Schwiegervater: „Das Muster aller männlichen Tugend! Zu was für Gesinnungen erhebt sich meine Seele in seiner Gegenwart!" Erst als Claudia ihm mit einer Bemerkung draufhilft, entdeckt er, daß Emilia noch nicht im Hochzeitsgewand dasteht. Sie wird sich seinem Wunsch entsprechend kleiden, so wie er sie zuerst sah: in einem fliegenden, freien Kleid, das Haar mit seinem eigenen braunen Glanz und natürlichem Gelock – die Rose darin nicht zu vergessen. Auf jegliches Geschmeide wird sie verzichten, denn ihr träumte dreimal, die von Appiani geschenkten Steine hätten sich in Perlen verwandelt, und „Perlen bedeuten Tränen".

„Aristotelisch ausgedrückt: die Charaktere sind bei aller psychologischen Natürlichkeit der Fabel untergeordnet", meint J. Schröder[43]. Und auch des Dichters Zeitgenossen scheinen dies – gerade angesichts des Heiratskandidaten Appiani – so empfunden zu haben, wenn der Reichs-Postreuther Altona am 29. Junius 1772 in einem „2. Brief über Emilia Galotti" vermerkte: „Es ist kein sonderlicher Vorzug, ein Appiani zu seyn, den der Dichter, so wie Hr. L. gethan, nur übers Theater führen kann, um im Vorbeygehen den tragischen Holzstoß gleichsam nur von ungefähr mit den Hacken näher zusammen zu rücken, damit er gemächlicher angezündet werden kann."[44]

---

[42] vgl. Lessing. Bd. 2, S. 10
[43] Gotthold Ephraim Lessing – Sprache und Drama, S. 204
[44] Julius W. Braun, Lessing im Urtheile seiner Zeitgenossen, Bd. 1, S. 397

Appiani wird von bösen Ahnungen geplagt. Das erklärt seinen Finstersinn. Zudem hat er dem Drängen von Freunden nachgegeben und sich vorgenommen, dem Prinzen aus Achtung die bevorstehende Vermählung persönlich anzuzeigen. Claudia muß fürchten, daß die Leidenschaft des Prinzen für Emilia nun doch noch bekannt wird.

II, 9

Noch ehe sie recht dazukommt, sich der neuen Gefahr bewußt zu werden, meldet Pirro den Marchese Marinelli, der im gleichen Augenblick hereintritt. Der Apostel Rousseauscher Philosophie Appiani und der schurkische Kammerherr Marinelli stehen einander gegenüber. Claudia überläßt ihnen die Szene.

II, 10

Marinelli ist, mit W. Kraft zu sprechen, ,,ganz in böses und pausenloses Handeln eingeschlossen wie in einen Panzer . . .''[45]) Er ergreift sofort die Initiative. Mit der falschen Versicherung seiner Freundschaft zu Appiani beginnt die Szene, und mit der nicht minder falschen Mahnung zur Geduld wird sie enden. In der ersten Gesprächsphase weist der Graf zwar die Freundschaft Marinellis zurück, nicht aber den Auftrag des Prinzen. Der Kammerherr muß zurückstecken. Ohne Erlaubnis des Umworbenen darf er nicht Freundschaft fordern. Doch auch die zweite Phase bringt ihm keinen Erfolg. Angesichts der Aufforderung, noch am gleichen Tage abzureisen, lehnt Appiani nun auch den Auftrag ab: ,,Genug, sagen Sie dem Prinzen, was sie gehört haben . . .'' In diesem Augenblick entscheidet sich das Schicksal des nichtsahnenden Grafen. Marinellis erster, unblutiger Plan ist gescheitert; jetzt muß Ge-

---

[45]) Die Neue Rundschau. Erstes Heft. 1961, S. 205

walt her, um die Dinge in die gewünschte Richtung zu lenken. Damit entfallen auch alle Gründe für den Höfling, seine Abneigung gegen Appiani zu kaschieren. Übergangslos beginnt er mit „Hm!hm!" und „Die guten Eltern..." die nach höfischen Gesichtspunkten wenig standesgemäße Eheschließung Appianis zu bespötteln, bis der Graf aufs äußerste gereizt Marinelli „einen ganzen Affen" nennt. Jetzt muß der Kammerherr Genugtuung fordern, und Appiani ist sogleich zum „Spaziergang" bereit. Doch Marinelli hat es nicht so eilig. Nicht nur Hochzeiten lassen sich verschieben, auch Duelle, sofern man über die richtigen Helfer vom Schlage eines Angelo verfügt. „Nur Geduld" hat deshalb weniger zeitliche als vielmehr programmatische Bedeutung, doppelsinnig aber eindeutig.

II, 11

Claudia hat die Heftigkeit der Unterredung hören können. Der Graf zeigt Zeichen der Erregung. Doch ihrer ängstlichen Frage wird eine beruhigende Antwort zuteil. Marinellis Kommen habe ihm den Weg zum Prinzen erspart. Man könne „ganz ruhig" sein.

Wieder geht eine Gelegenheit ungenutzt vorüber, die Gefahr doch noch zu bannen. Appiani weiß nichts von des Prinzen Nachstellungen. Claudia erfährt nichts von dem Auftrag des Prinzen. Vom „Motiv der Blindheit" spricht O. Mann[46]), und wie man im ersten Aufzug die Blindheit des Prinzen erlebt — vom ungelesenen Orsina-Brief bis zum unbesprochenen Kirchgang — so zeigt der zweite Aufzug die Blindheit der Galottis — von Odoardos vorzeitiger Rückkehr auf das Landgut über Claudias Verschweigen der fürstlichen Annäherungsversuche bis zu Appianis Beschwichtigung der beunruhigten Claudia. So entpuppt sich das „Ganz ruhig" am Ende dieses Aufzuges als eine Variante des „gräßlichen Recht gern" aus dem Vorangegangenen.

---

[46]) vgl. Lessing. Sein und Leistung, S. 262 u. a.

Dritter Aufzug

Acht Auftritte; Schauplatz: ein Vorsaal auf dem Lustschlosse des Prinzen; Zeit: um die Mittagsstunde des gleichen Tages; Marinellis Anschlag auf die Hochzeitsgesell-
schaft bringt Emilia und ihre Mutter nach Dosalo; Appiani
wird getötet.

III, 1

Der Prinz ist in Dosalo, um Appiani zu erwarten, doch Marinelli kommt allein und berichtet vom Scheitern seiner
Mission. Allerdings fälscht er sich noch ein Verdienst heraus: Um für des Prinzen Absichten Zeit zu gewinnen, habe
er den Grafen unter Nichtachtung des eigenen Lebens zu
Beleidigungen gereizt und ihn sogleich gefordert. Dieser
hätte aber mit dem Hinweis auf die Hochzeit ein Duell
noch am gleichen Tage abgelehnt. Die Mischung von
Lüge und Wahrheit ergibt ein ganz und gar unglaubhaftes
Bild, auf welches der Prinz gereizt reagiert. Marinellis
Frage, was *er* in der Kirche erreicht habe, beantwortet
Hettore Gonzaga höhnisch-zurückweisend und ironisch-
bitter. Er will den Kammerherrn wegschicken. Sein Spiel
scheint endgültig verloren. Doch Marinellis Pulver ist – im
wahrsten Sinne des Wortes – noch nicht verschossen. Als
er mit vagen Andeutungen die Aussicht auf eine Fortsetzung des Spiels eröffnet, ist der Prinz sogleich bereit, dem
eben noch Geschmähten jegliche Art von Verantwortung
zu erlassen für etwaige „Unglücksfälle", die sich ereignen
könnten. Kaum daß er ausgesprochen hat, hört man zwei
Schüsse aus der Ferne. Der zweite, der blutige Plan Marinellis – für den der Prinz gerade die Verantwortung über-
nommen hat – steht im Begriff, ausgeführt zu werden.
Jetzt erst klärt ihn der Marchese auf. Allerdings ver-
schweigt er den Mordanschlag an Appiani. Als sich ein
maskierter Mann dem Schlosse nähert, soll sich der Prinz
entfernen, angeblich um nicht gesehen zu werden, in
Wahrheit wohl eher, um nicht zu viel zu hören.

Angelo erscheint und berichtet. Der Überfall ist gelungen. Appiani freilich wirkte nicht unvorbereitet – wohl infolge seiner trüben Ahnungen (II, 8). Schwerverwundet hat man ihn in die Kutsche zurückgebracht. Letzte Gewißheit über seinen Tod vermag freilich auch Angelo nicht zu geben. Erst dann soll der Prinz davon erfahren, wenn er sich überzeugt hat, ,,wie zuträglich ihm dieser Tod ist."

III, 3

Der Prinz sieht Emilia die Allee heraufkommen. Er glaubt nicht recht daran, von ihrem Aufenthalt auf Dosalo Vorteile für sich gewinnen zu können. Marinellis Mahnung, die Gelegenheit zu nutzen, um ihr zu gefallen, weist er zurück und berichtet von seinem mißlungenen Versuch, dem Mädchen in der Kirche näherzukommen: ,,Mit allen Schmeicheleien und Beteuerungen konnt' ich ihr auch nicht ein Wort auspressen . . ." Hier fällt ein Schlaglicht zurück auf II, 6. Emilias verwirrte Sinne haben ihr also nur vorgegaukelt, sie hätte dem Prinzen geantwortet. Nun wagt er es nicht, ihr im Moment des Eintretens unter die Augen zu kommen und zieht sich vorerst zurück.

III, 4

Ein Bedienter geleitet Emilia herein. Sie ist aufgeregt und will sogleich an der Seite des Dieners wieder davoneilen, um nach Mutter und Bräutigam Ausschau zu halten. Da tritt Marinelli aus einem Saalwinkel hervor und spielt den Nichtsahnenden. Allerdings galoppiert ihm die Zunge ein wenig davon. Er spricht von einem ,,Unglück", das Emilia hergebracht habe und rettet sich eben noch mit knapper Not in das Wortspiel: ,,– was für ein glückliches Unglück verschafft uns die Ehre –." Er sucht, Emilia zu beruhigen, schickt zum Schein den Diener, um den Angehörigen des Mädchens Aufenthalt mitzuteilen, und bereitet sie darauf vor, in wenigen Augenblicken den Prinzen zu sehen. Daß

sie auf Dosalo ist, dem Lustschlosse des Prinzen, nennt
Emilia einen „Zufall". Es bedarf noch manch weiteren Zu-
falls, bis mit der Tat Odoardos der Blindheit gegenüber
den Realitäten der Trägödie ein Ende gesetzt wird.

III, 5

Der Prinz erscheint auf sein Stichwort. Er versucht, Emilia
über das Befinden des Grafen und ihrer Mutter zu beruhigen. Ins Nebenzimmer soll sie ihm folgen, doch das Mädchen verharrt unschlüssig, fällt dann sogar vor dem Fürsten auf die Knie und fleht ihn an, ihr die Wahrheit zu
sagen. Beschämt hebt der Prinz sie auf. Er entschuldigt
seine Geständnisse in der Kirche, wertet den „Zufall"
ihres erneuten Zusammentreffens als den „Wink eines
günstigen Glückes" und wirbt mit der Raffinesse eines
ausgekochten Salonlöwen um die Sympathie des verstör-
ten Mädchens. Marinellis Rat aus III, 3 wird jetzt Wort für
Wort befolgt: „Die Kunst zu gefallen, zu überreden – die
einem Prinzen, welcher liebt, nie fehlt." Die „unbedeutende Sprache der Galanterie" (II, 6) verfehlt ihre Wirkung
nicht. Emilia – wenngleich noch immer widerstrebend –
geht an der Seite Hettores aus dem Vorsaal. Lessing läßt
den Spannungsbogen durch diesen Abgang hinüberrei-
chen in den vierten Aufzug. Marinelli erkennt seine Aufgabe darin, die eben mit viel Mühe zustande gebrachte Zweisamkeit durch nichts und niemanden stören zu lassen.
Emilia tritt jetzt aus der Handlung zurück, bis die Stunde
ihres Opfers kommt in jenem Auftritt V, 7, der nach J.
Schröder „den offenen Umschlag des psychologischen in
das ästhetische Problem" enthält.[47])

III, 6

Battista, der Diener und – wie sich am Dialog zeigt –
Spießgeselle Marinellis, kündigt das Erscheinen Claudias
an: „Sie ist der Tochter auf der Spur, und wo nur nicht –

---

[47]) vgl. G. E. Lessing – Sprache und Drama, S. 210

unserm ganzen Anschlage!'' Abweisen kann sie Marinelli
nicht, so sehr er der zu erwartenden Geräuschentfaltung
abhold ist. Er beunruhigt sich nicht sonderlich. Auch das
lauteste Geschrei hört einmal vor Erschöpfung auf, und –
„hofteufelisch'' gedacht – „so etwas von einer Schwiegermutter eines Prinzen zu sein, schmeichelt die meisten''.

Hier ist durchaus Zeiterfahrung beschrieben, „hatte doch
eben erst in Lessings sächsischer Heimath ein adliges
Haus seiner Tochter ein Hochzeitsfest ausgerichtet, weil
der angestammte Despot sie zu einer seiner Mätressen
erkor''.[48])

III, 7

Claudia tritt in heller Aufregung herein. In dem Diener erkennt sie den Mann wieder, der Emilia nach dem Überfall
fortgeführt hat. Das Mädchen könnte „in dem Schoße der
Seligkeit nicht aufgehobner sein'' gibt ihr Battista doppelsinnig zur Antwort. Sein Herr werde sie zu Emilia führen.

III, 8

Damit rückt Marinelli ins Blickfeld, an dessen Streit mit Appiani sich Claudia sofort erinnert; und sein Name kam dem
sterbenden Grafen als letztes Wort über die Lippen, in
einem unheimlichen, nicht nachzuahmenden Tonfall.
Jetzt, da sich Claudia an diesen Ton erinnert, fällt es ihr
wie Schuppen von den Augen. Sie erkennt die Rolle Marinellis bei dem Überfall, und auf die Nachricht, der Prinz sei
„mit der zärtlichsten Sorgfalt'' um Emilia bemüht, reimt sie
eines zum anderen und durchschaut die ganze Abgefeimt-
heit des Komplotts. Verachtung und Anklage schleudert
sie dem Marchese entgegen. Als sie Emilia im Nebenzimmer rufen hört, stürzt sie dorthin.

Claudia wächst in dieser Szene über sich selbst hinaus,
rückt gleichsam ebenbürtig an die Seite Odoardos, des

---

[48]) vgl. Franz Mehring. Die Lessing-Legende, S. 373

Trägers „rauher Tugend". Der Wechsel der Dialoganrede
für den Schurken Marinelli hin zum verächtlichen „Dich"
unterstreicht diese Wandlung. Geradezu urtümliche Mut-
terliebe bricht hier hervor. Nicht von ungefähr läßt Lessing
sie das Bild gebrauchen von der Löwin, die ihre Jungen
sucht.

K. S. Guthke spricht von einem neuen Typus des bürgerlichen Trauerspiels in den siebziger Jahren des achtzehnten Jahrhunderts, der mit „Emilia Galotti" eingeleitet worden sei und führt aus: „Das empfindsame Moment hat in
dem neuen Typus so gut wie ausgespielt; kaum daß es
noch andeutungsweise in einigen der zentralen leidenden
Frauen- und Mädchengestalten sichtbar bleibt; häufiger
wird es ersetzt durch die Leidenschaftlichkeit des subjekti-
vistischen Menschen."[49])

Als Claudia mit der Blindheit auch alle Weltklugheit ab-
streift, wird sie für den dramatischen Augenblick dieser
Szene eine Tragödiengestalt, welche die Nähe des Sturms
und Drangs signalisiert.

Vierter Aufzug

Acht Auftritte; Schauplatz: derselbe Vorsaal im Lustschlosse des Prinzen; Zeit: unmittelbar nach den Ereignis-
sen des dritten Aufzugs; Gräfin Orsina ist die beherr-
schende dramatische Figur.

IV, 1

„Kommen Sie, Marinelli!" fordert der Prinz zu Beginn. Der
Aufzug endet mit Odoardos Worten: „Komm, Claudia".
Dazwischen liegt eine deutliche Verschiebung der dramatischen Gewichte. Marinelli und mit ihm der Prinz geraten
zunehmend in die defensive Position, während die sich
entfaltende Intrige der Orsina allmählich Odoardo zum
Träger der Handlung befördert.

---

[49]) Das deutsche bürgerliche Trauerspiel, S. 60

Marinelli soll kommen, weil der Prinz die Wahrheit über Appianis Tod zu wissen begehrt. Er argwöhnt die Mordabsicht, läßt sich aber von Marinellis Darstellung der Ereignisse nur allzuwillig beschwichtigen, zumal der Marchese behauptet, dieses Sterben sei ihm „nichts weniger als gleichgültig", da Appiani ihm nun die Genugtuung schuldig bleibe. Zweimal fällt das Wort „Zufall". Marinelli erklärt: „Vorsatz und Zufall: alles ist eins", und der Prinz wenig später: „Sein Tod war Zufall, bloßer Zufall. Sie versichern es, und ich, ich glaub' es." Im Gefolge dieser lässigen Moral ist jetzt jede Hemmung beseitigt, den Mord auf seine Zweckmäßigkeit hin zu beleuchten. Das Ergebnis ist negativ. Niemand wird an einen Zufall glauben; der Prinz selbst in Verdacht kommen, es sei denn, er gäbe seine Absicht auf, Emilia zu erobern. Ein kleines, stilles, heilsames Verbrechen hätte notgetan, statt dessen gab es ein lautes, aufsehenerregendes, „das den Weg zwar gereinigt, aber zugleich gesperrt" hat. Von dieser Erkenntnis her bedarf es nur eines winzigen Schritts bis zum Tadel an Marinellis „weisen, wunderbaren Anstalten". Wie tief der so höhnisch Gescholtene gekränkt ist, zeichnet sich in der Sprache ab. In der dritten Person wirft er dem Prinzen den unbedachten Gang in die Kirche vor als einen falschen Schritt, der den Takt des Tanzes verdorben hat, „mit so vielem Anstande er ihn auch getan – so unvermeidlich er ihn auch tun mußte". Das Personalpronomen „er" könnte hier ebensogut den großen Anfangsbuchstaben der respektlos herablassenden Anredefunktion haben. Marinelli darf sich das erlauben. Sein Argument hat Gewicht: Ohne Liebesgeständnis in der Kirche – kein Argwohn gegen den Prinzen. Sein Sieg ist vollkommen. „Daß Sie recht haben!" bestätigt der Fürst. Und sein Höfling hat einige Mühe, um aus dem rhetorischen Aufbegehren zurückzufinden in die Pose der Demut: „Daran tu' ich freilich sehr unrecht – Sie werden verzeihen, gnädiger Herr –."

IV, 2

Zum Schrecken des Prinzen meldet man die Gräfin Orsina. Er ist ratlos, schickt den Diener, sich bei der unerwünschten Besucherin verleugnen zu lassen und sucht

Hilfe bei Marinelli, der schweigend dabeisteht. „Freund" nennt ihn der Prinz in seiner Furcht, die Orsina könnte den Anschlag entdeckt haben, und dieses Wort wirkt wie ein Zauberelixier: „Ah, mein Prinz, sobald Sie wieder Sie sind, bin ich mit ganzer Seele wieder der Ihrige!"

Marinelli wird die Gräfin empfangen, um sie nach dem Willen des Prinzen sogleich wieder wegzuschicken. Aber er ahnt, daß es damit sein Bewenden nicht haben wird; denn „sie ist nicht zu ihrer besten Stunde ausgefahren".

IV, 3

Gräfin Orsina ist eine Schöpfung Lessings aus dem Wolfenbüttler Winter von 1771 auf 72. In keiner früheren Fassung vorgesehen, bewegte sie vom Erscheinen des Stücks an die Gemüter der Rezensenten auf das heftigste. Kein Zweifel – das Spiel wäre unendlich ärmer ohne sie. Matthias Claudius vermerkte im Uraufführungsjahr: „Auch die Orsina hat mich ein paarmal recht surpreniert (überrascht – d. V.), der Henker erwarte soviel Geist, Entschlossenheit und feste Wut von einer solchen Nickel; 's ist gar ein verteufeltes Weib, aber meisterhaft wie die andern."[50] Die Anerkennung der Rezensenten blieb erhalten: „Man ist um Erklärungen nicht verlegen gewesen, warum der große Wurf gelang: weil die Orsina in eine Lücke der Handlung trete; weil die Handlung zu ermatten drohe und die Gräfin ein neuer Hebel des Interesses sei; weil sie so bedeutsam in die Geschicke eingreife und das Drama zum Ende fördere; weil sie nicht eine matte, armselige Lückenbüßerin, sondern eine der fesselndsten, interessantesten Frauengestalten des deutschen Dramas sei usw. usw. So klug oder töricht das im einzelnen sein mag, die Orsina ist ein Geniestreich . . ."[51]

Die Gräfin ist verwundert; denn Dosalo empfängt sie in ungewohnter Weise ganz ohne „Lieb' und Entzücken". Eine

---

[50] Hans Mayer (Hrsg.); Meisterwerke deutscher Literaturkritik, S. 324

[51] Walter Fischer; Gotthold Ephraim Lessing. Emilia Galotti, S. 34

Stunde nachdem ihr Brief zum Prinzen gebracht worden war, ist dieser zum Lustschlosse aufgebrochen. Sie hat das für eine Antwort auf ihre schriftliche Bitte um ein Zusammentreffen auf Dosalo genommen – jedoch, der Brief blieb ja ungelesen. So bringt Marinelli wiedereinmal das leitmotivische Wort „Zufall" als Erklärung an. Die Gräfin will zum Prinzen vordringen. Jetzt hält sie Marinelli mit der schlichten Wahrheit zurück, der Prinz erwarte sie nicht, wolle sie nicht sprechen und habe ihren Brief nicht gelesen. Die Auseinandersetzung wird heftig, und die Orsina richtet ihre Gegenposition auf: „... das Wort Zufall ist Gotteslästerung". Kaum vermag Marinelli, sie noch zurückzuhalten.

IV, 4

Deshalb kommt ihm der Prinz zu Hilfe. Geschäftigen Schrittes durchquert er wie von ungefähr den Saal und weist die Gräfin mit kalter Interesselosigkeit ab, beiläufig bemerkend, er sei nicht allein.

IV, 5

Die Orsina sieht sich brüskiert. Nicht einmal mehr der rücksichtsvollen Milde einer gut erfundenen, höflichen Lüge wert zu sein, bringt sie um alle Fassung. Sie fleht Marinelli förmlich an: „Lügen Sie mir eines auf eigene Rechnung vor. Was kostet Ihnen denn eine Lüge?" In der Hoffnung, sie endlich loszuwerden, sagt ihr der Marchese einen Teil der Wahrheit: Appianis Tod, der Überfall werden erwähnt und auch der Name Emilia Galotti.

Ironie beherrscht die Szene. Eine Lüge wird gefordert, und jener, der hemmungslos lügt, sobald es um seinen Vorteil geht, dient mit der Wahrheit. Meisterschaftliche Teufelei wäre notwendig, um diese komplizierte Situation ungefährdet zu überspielen, doch meisterliche Tölpelei verdirbt alles. „Marinelli ist darum kein Teufel, weil er Fehler macht. Der Kardinalfehler ist die Unfähigkeit der Vernunft, die Leidenschaft zu verstehen."[52])

---

[52]) Werner Kraft; „Emilia Galotti" in „Die Neue Rundschau". Erstes Heft, 1961, S. 207

Emilias Name genügt, um die Gräfin alles erraten zu lassen. Vom Kirchenbesuch des Prinzen war sie ja schon unterrichtet. Unvermittelt sieht sich Marinelli einer Orsina gegenüber, die das ganze Geheimnis kennt und nicht zögern wird, es der Öffentlichkeit zu enthüllen. Schon im Aufbruch befindlich, hält sie ein neuer Zufall zurück: Odoardo Galotti betritt den Saal. Die Peripetie[53]) beginnt.

IV, 6

Jetzt nimmt die Hilflosigkeit des Intriganten nahezu lustspielhafte Züge an. ,,Nun vollends! der Alte!" seufzt er resignierend bei Odoardos Anblick, der auf die Nachricht von dem Überfall herbeigeeilt ist. Um Odoardo loszuwerden, will er ihn dem Prinzen melden; dann aber bliebe die Gräfin mit dem Oberst allein, also gilt es, die Gräfin – notfalls mit sanfter Gewalt – vom Orte zu entfernen, was dank ihres Widerstands gründlich fehlschlägt. Verbieten kann Marinelli das Gespräch nicht. So hat das ,,Gehirnchen" den bescheidenen Einfall, dem Obersten anzuvertrauen, die Dame sei geistig gestört. Am Ende geht er selbst, und die Orsina bleibt – welch ironische Umkehr der Gegebenheiten. Damit ist der Weg freigeräumt für weitere Schritte hin zur Katastrophe.

IV, 7

Odoardo erkennt sehr bald: die Dame ist bei Verstand. Um so wirkungsvoller erweist sich das Gift der Wahrheit, welches ihm die Gräfin gleichsam tropfenweise beibringt. Wilder Zorn packt ihn – auf den Prinzen, welcher der Ehre seiner Familie zu nahe getreten ist. Die Orsina glaubt, in ihm das Werkzeug ihrer Rache gefunden zu haben. Sie drängt Odoardo ihren mitgebrachten Dolch auf. Der Auf-

---

[53]) griech. peripetes- (zum Bösen) umschlagend; Gestaltungsmittel der aristotelischen Dramatik, stellt die Wende dar, führt den Umschwung herbei; mit der Peripetie fällt die grundsätzliche Entscheidung über das Austragen des Konflikts, oft zeichnet sich die Katastrophe ab.

tritt endet mit der grausam-perversen Vision, die verlassenen Lustgefährtinnen des Prinzen könnten sich zusammentun, um ihn unter sich zu bringen und in den Eingeweiden ihres ehemaligen Beischläfers nach jenem Herzen zu suchen, welches „der Verräter einer jeden versprach und keiner gab". Eine Frage bleibt: Warum ist die Orsina bewaffnet? In einer Rezension aus dem Jahre 1772 liest man: „Die Weiber, die beständig Gift und Dolch bei sich führen, sind gewiß selten, und zu solchen ist Orsina nicht heftig genug."[54]) Augenscheinlich ordnet Lessing hier die psychologische Glaubwürdigkeit den Notwendigkeiten des Handlungsflusses unter – eine Verfahrensweise, von der Schiller später in ‚Kabale und Liebe' so reichlich Gebrauch gemacht hat.[55]) Gift und Dolch erscheinen als Attribute der Verzweiflung nach einer im Liebesschmerz durchlittenen Nacht.

Claudia tritt herein. Sie bestätigt unter Unschuldsbeteuerungen die Schreckensnachrichten der Orsina. Mit einem Schlüsselsatz zur Charakterisierung Emilias wird Odoardos Vertrauen in seine Tochter gerechtfertigt: „Sie ist die Furchtsamste und Entschlossenste unsers Geschlechts." – Emilia hält den Prinzen in schicklicher Entfernung. Ihr Ton gebietet Respekt.

Odoardo entscheidet: „Emilia darf nicht wieder nach Guastalla." Damit ist das Geschehen im fünften Aufzug thematisch vorbereitet. Claudia wird an Orsinas Seite in die Stadt fahren, um einen Wagen zu senden: „Komm, Claudia." Der Aufzug endet mit der planenden Aktivität Odoardos.

Fünfter Aufzug

Acht Auftritte; der Schauplatz ändert sich nicht; Zeit: kurz nach der Abfahrt Claudias und der Gräfin Orsina; an Emilia vollzieht sich die Katastrophe.

---

[54]) Horst Steinmetz. Lessing – ein unpoetischer Dichter, S. 98
[55]) vgl. Schiller „Kabale und Liebe". Gegenstände für Rezeption und Unterricht, in dieser Reihe

V, 1

Wieder verkennt Marinelli die Kraft der Leidenschaft, wenn er vorhersagt, Odoardo werde sich unterwerfen. Der Prinz rechnet skeptischer damit, er werde vor allem Emilia in Sicherheit bringen. Marinelli sieht einen Ausweg. Damit er den Prinzen noch vor der Begegnung mit dem Obersten unterrichten kann, zieht man sich vorerst zurück.

V, 2

Ein beruhigter Odoardo im Monolog, dessen Kern der Entschluß bildet, die Rache für Appianis Tod Gott zu überlassen, Emilia aber vor den Nachstellungen des Mörders zu bewahren. Die Sache der Orsina ist nicht mehr Odoardos Sache.

V, 3

Marinelli tritt hinzu. Odoardo will Emilia mit sich nehmen: „Sie soll nicht mehr nach Guastalla." Als der Kammerherr Gründe vorbringen will, warum Emilia zunächst doch dorthin gebracht werden soll, ist es mit der Selbstbeherrschung vorbei. Odoardo braust auf. Marinelli geht, den Prinzen zu holen, damit dieser entscheide.

V, 4

Ein erregter Odoardo im Monolog; der Kern diesmal: Er wird sich wehren, wenn man ihm Emilia vorenthält. Noch ist er selbstkritischer Erkenntnisse fähig: Zorn trübt den Verstand; es war falsch, Marinellis Gründe nicht anzuhören; er könnte jetzt seine Argumente vorbereitend überdenken. Sollte ihm die richtige Antwort fehlen, gibt es immer noch den Dolch. Das wird zwar nicht ausgesprochen, aber dennoch deutlich.

V, 5

In III, 5 hatte die bestrickende Liebenswürdigkeit des Prinzen gerade noch vermocht, die Tochter in die Zweisamkeit mit ihm zu bringen. Jetzt vermag sie nichts mehr. An der eisernen Entschlossenheit des Vaters prallen die Bezauberungen Hettore Gonzagas wirkungslos ab. Nicht das Versprechen von Emilias Rückführung nach Guastalla in einem Triumphzug, nicht die Zusicherung, alle Kränkungen von ihr fernzuhalten und auch nicht das prinzliche Bedauern, soviel Schönheit vor der Welt verborgen zu wissen, vermag Odoardo zu irritieren: Emilia soll ins Kloster. Es bleibt kein Argument mehr vorzubringen. Der Prinz gibt klein bei: ,,. . . dem Vater hat niemand einzureden. Bringen Sie Ihre Tochter, Galotti, wohin Sie wollen."

Wieder scheint das Spiel des Prinzen endgültig verloren. Der Vorhang könnte fallen und Odoardo mit Emilia gehen, wohin er will. Doch Marinelli interveniert. Ein neues Motiv zwingt die Handlung im Sinne der Peripetie voran. Im Namen seiner ,Freundschaft' zu Appiani besteht er auf einer amtlichen Untersuchung, die Emilias Vernehmung in Guastalla zwingend erforderlich macht. Wieder mischt Marinelli grobe Lüge mit halber Wahrheit – wie schon in IV, 5 – und wieder bringt er den Prinzen damit in Gefahr, denn auch Odoardo durchschaut das falsche Spiel mit verteilten Rollen. Als Marinelli überdies fordert, um der Vernehmung willen dürften die Eltern nicht mit Emilia zusammenkommen, man werde sie also ,,in eine besondere Verwahrung" bringen, greift Odoardo zum Dolch, den fürstlichen Verführer unschädlich zu machen. Doch in diesem Augenblick tritt das Opfer mit entwaffnend liebenswürdiger Geste auf seinen Mörder zu: ,,Fassen Sie sich, lieber Galotti–" und die Tat unterbleibt. Im Hause Grimaldi soll Emilia unterkommen. Mit schwatzhaftem Überschwang sucht der Prinz, dem verbitterten Vater diese Lösung schmackhaft zu machen. Odoardo scheint geschlagen, besiegt, vernichtet. Aus der Verwirrung des Augenblicks festigt sich ein Wunsch: er will mit Emilia unter vier Augen reden. In dem sicheren Gefühl, der Streich sei gelungen, das Spiel so gut wie gewonnen, zeigt sich der Prinz freigiebig. Er gewährt nicht nur das geforderte Gespräch, sondern garniert seine Zustimmung obendrein noch mit der Phrase: ,,Wenn Sie mein Freund, mein Führer, mein Vater sein wollten."

Wieder hat der Prinz – wie beim Gang in die Messe der Dominikaner – spontan gehandelt; und wieder hat er damit
Marinellis Plan gestört. Es war schon beschlossene
Sache: ,,Mutter und Tochter und Vater" sollten einander
nicht sehen dürfen.

V, 6

Ein verzweifelt-zweifelnder Odoardo im Monolog: ,,Das
Spiel geht zu Ende. So oder so!" Verworrene Betrachtungen fügen sich an diese Erkenntnis. Eine Tat ist gefordert
– eine Tat von grauenhaften Dimensionen. Odoardo will
die Lösung dem Himmel überlassen: ,,Was braucht er
meine Hand dazu?" In diesem Augenblick tritt ihm Emilia
entgegen, und der Vater nimmt es als göttliche Fügung:
,,. . . er will meine Hand, er will sie!"

V, 7

Emilia hat ihre Fassung wiedergefunden. Vom Vater wird
ihr der Tod Appianis bestätigt und die Unmöglichkeit offenbart, sich dem Mörder zu entziehen. Sie reagiert ohne
Furcht, als ,,die Entschlossenste ihres Geschlechts". Sie
ist ruhig, die Kraft dazu kommt aus der Entschlossenheit,
Gewalt gegen sich nicht hinzunehmen. Dank der seeli-
schen Festigkeit Emilias glaubt Odoardo noch, seine
Seelenruhe wiederzufinden. Er gesteht, bereit gewesen zu
sein, den Prinzen und Marinelli zu töten. Doch Emilia ver-
wehrt es ihm: ,,Das Leben ist alles, was die Lasterhaften
haben." Ihr soll der Vater den Dolch geben; wo nicht, wird
sie die eigene Haarnadel zur Waffe nehmen. Emilia will
sterben; denn sie fürchtet, der Verführung zu erliegen:
,,Verführung ist die wahre Gewalt!" Das hat sie im Hause
der Grimaldi erkennen müssen, als eine Stunde genügte,
um ihre Sinne in Aufruhr zu bringen. Wieder fordert Emilia
den Dolch. Für einen Augenblick gibt Odoardo nach, um
ihr die Waffe gleich darauf zu entwinden. Erneut greift
Emilia nach der Haarnadel, bekommt dabei die schmük-
kende Rose in ihrem Haar zu fassen und wirft sie zu

Boden. Noch immer schreckt Odoardo vor der Tat zurück. Erst ein bitterer Vorwurf Emilias – eine Reminiszenz an das Schicksal der Virginia – „Solcher Väter gibt es keinen mehr!" bringt den völlig Verwirrten zum Handeln. Mit einem Schreckensruf taucht er aus der Verwirrung auf und hört den Dank der sterbenden Emilia: „Eine Rose gebrochen, ehe der Sturm sie entblättert."

Die Katastrophe ist da – und mit ihr ein schier unerschöpflicher Diskussionsgegenstand für Rezensenten und Literaturwissenschaftler, die Einleuchtendes und weniger Einleuchtendes zu sagen haben, wie es sich auch im Kapitel „Wertungen in Zitaten" widerspiegelt. Einen mitteilenswerten Ansatzpunkt findet man bei Otto Mann, wenn er feststellt: „Für die Bühne ist richtig, was auf der Bühne überzeugt. Diese Überzeugung wird nicht bewirkt durch die rational vollkommenste, sondern durch die poetisch suggestivste Motivierung."[56])

V, 8

Noch ist das Spiel nicht geschlossen. Marinelli und der Prinz kommen eben rechtzeitig auf die Szene zurück, um Emilia sterben zu sehen. Odoardo wird sich dem irdischen Gerichtsherrn stellen, der – welch tragische Ironie – der Prinz von Guastalla ist. Im Jenseits dann ereilt die himmlische Gerechtigkeit auch den richtenden Mörder. Odoardo geht. Er ist das eigentliche Opfer. Marinelli sieht sich davongejagt. Der Prinz aber – schon Mörder, schon Richter – nimmt nun auch noch die Pose des Opfers an: „Ist es zum Unglücke so mancher nicht genug, daß Fürsten Menschen sind: müssen sich auch noch Teufel in ihren Freund verstellen?" Anders als in ‚Kabale und Liebe' bleiben die Missetäter unbestraft. „Herder war es, der über das Ende des Stückes hinaus diese düstere gesellschaftliche Perspektive verfolgt hat: „In wenigen Tagen, fürchte ich, hat er (der Prinz) sich selbst ganz rein gefunden, und in der Beichte ward er gewiß absolviert. Bei der Vermählung mit der Fürstin von Massa war Marinelli zugegen, vertrat als

---

[56]) vgl. Lessing. Sein und Leistung, S. 268

Kammerherr vielleicht gar des Prinzen Stelle, sie abzuholen. Appiani dagegen ist tot; Odoardo hat sich in seiner Emifie siebenfach das Herz durchbohret, so daß es keines Bluturteils weiter bedarf. Schrecklich!"

Gewiß schrecklich. Denn es ist die Perspektive, die das fürstliche Verbrechen nicht auf den einen Vorfall oder Zufall beschränkt zeigt, sondern als den Dauerfall der fürstlichen Praxis erweist."[57])

Ein Jahrzehnt später klingt das Thema in der Diktion Schillers wieder auf, mit mehr Zeitnähe und entschiedenerer politischer Haltung. Am 15. April 1784 sieht der Dichter sein Stück ‚Kabale und Liebe' auf der Mannheimer Bühne.

---

[57]) Paul Rilla, Lessing und sein Zeitalter, S. 230

Die dramatischen Personen

Emilia Galotti
(II, 6, 7; III, 4, 5; V, 7, 8)

Die Titelheldin ist seit jeher eine Tragödiengestalt von beträchtlicher Faszination. Von zeitgenössischen Rezensenten wurde die Lessingsche Offizierstochter mit Huldigungen aufgenommen, wie beispielhaft eine Besprechung von 1772 zeigt: „Emilia Galotti, ein Mädchen voller Liebreiz, Bescheidenheit und der sanftesten Unschuld, welche durch Erziehung und Religion in ihr gebildet und gesichert ist.

Edeldenkend, und doch dabei weiblich und jugendlich; ein fein gemischter Charakter ...“[58] Letzteres darf als Schlüsselbegriff gesehen werden. In der Tat ist Emilias Wesen geprägt von einander widerstreitenden Zügen: Furcht und Entschlußkraft, Fassungslosigkeit und Festigkeit, Angst und Lust, Sinnlichkeit und Fleischesverleugnung. Erziehung und Kirchenbindung haben das Ihre dazu getan.

Eine Kindfrau auf dem schmalen Grat zwischen Elternbindung und Gattenliebe, darf sie sich der Wirkung ihrer jungen Schönheit sicher sein. Das bestätigen nicht nur die konvulsivischen Anwandlungen von Liebestaumel, welche den prinzlichen Roué nach bis in die Kirche jagen: „Am liebsten kauft’ ich dich, Zauberin, von dir selbst“ (I, 5). Auch das verwöhnte Künstlerauge Contis ruht wonnetrunken auf seinem schönen Modell: „... eine von den größten Glückseligkeiten meines Lebens ist es, daß Emilia Galotti mir gesessen.“ (I, 4) Selbst die boshaft verzerrte Lebensoptik Marinellis billigt ihr „ein wenig Larve“ zu und „Prunk von Tugend und Gefühl und Witz“. (I, 6) Uneingeschränkte Kindesliebe prägt ihr Verhältnis zu den Eltern: „Sie wissen, meine Mutter, wie gern ich Ihren bessern Einsichten mich in allem unterwerfe“ und wenig später „Nun ja, meine Mutter! Ich habe keinen Willen gegen den ihrigen!“ (II, 6) Odoardos vorzeitiges Davonreiten wird „sie

---

[58] Horst Steinmetz; Lessing – ein unpoetischer Dichter, S. 80

schmerzen" (II, 4), weil sie dem Vater gar zu gerne begegnet wäre. Emilias Verhältnis zu Appiani wirkt dagegen recht unterkühlt. Einzig in II, 7 begegnen die Verlobten einander auf der Szene, und das herzlichste Wort der Braut ist ein schlichtes „mein lieber Graf". Wo Schillers Luise dem Major von Walter gesteht: „Du hast den Feuerbrand in mein junges friedsames Herz geworfen, und er wird nimmer, nimmer gelöscht werden"[59]), spricht Emilia von ihrem „gute(n) Appiani." (II, 6) Leidenschaftliche Bekundungen jeglicher Art bleiben nicht nur aus; sie wären zwischen diesen Partnern auch schlecht vorstellbar. So scheint die Hochzeit eher das Resultat kindlichen Gehorsams als der Zielpunkt wechselseitiger Sehnsüchte. Bezeichnenderweise verteidigt Claudia die Stadterziehung Emilias mit dem Argument: „Hier nur konnte der Graf Emilien finden und fand sie." (II, 4) Emilia selbst wird nicht gesucht haben.

Claudias Argumenten für die Stadterziehung ließe sich ein wesentliches hinzufügen; denn der empfindlichste Mangel in Emilias Charakterbild ist ein Mangel an Weltläufigkeit. Beim Liebesgeständnis im Gottesdienst gibt sie vor, nichts zu hören: „Was konnt' ich sonst?" (II, 6) Als sie den Prinzen erkennt, hat sie „nicht das Herz", einen zweiten Blick zu wagen. Von ihm in der Vorhalle festgehalten, steht sie aus Scham still, ohne sich zu wehren. Wenn Emilia sich selbst „ein albernes, furchtsames Ding" (II, 6) nennt, sagt sie im Grunde die Wahrheit. Daß aus diesem Wesen am Ende die todesbereite und todverlangende Heldenjungfrau wird, ist eben jener ‚Mischung' von Furchtsamkeit und Entschlossenheit, Abscheu und Sehnsucht zuzuschreiben, die Emilia Galotti auszeichnet und die sie letztlich bekennen läßt: „Auch meine Sinne sind Sinne. Ich stehe für nichts." (V, 7) „Emilia ist eine große wahre Intuition. Sie ist das Geschöpf eines heißen südlichen Naturells, frühreifer Erfahrungen des Beichtstuhls und der Träume, die Guastalla und sein Hof in einer so gearteten Natur hervorbrachten – zugleich aber ist sie ein rechtes Kind ihres Vaters: scheu, impressionabel, im ersten Moment widerstandslos und dann doch entschlossen und stark."[60])

---

[59]) vgl. „Kabale und Liebe", I, 5
[60]) Wilhelm Dilthey; Das Erlebnis und die Dichtung, S. 60

Bei aller Unterschiedlichkeit – in einem Punkte gleichen sich die Lessingsche Kleinadelstochter Emilia und die Schillersche Kleinbürgerschönheit Luise aufs Haar: in ihrem gnadenlosen Anspruch an den eigenen Vater. Wie Miller wird Odoardo über die Fallstricke einer Gesetzesfarce – dort Beleidigung des Schattens der Majestät[61]), hier die Vernehmung in Guastalla – in namenloses Elend getrieben. Wie Miller steht Odoardo am Ende des Spiels vor den Trümmern der Hoffnung auf einen erfüllten Lebensabend; wie Miller ist Odoardo durch den Verlust des geliebten Kindes tödlich getroffen.

An diesem Elend vermag weder das Sinnbild der gebrochenen Rose, noch die Dankbarkeitsbezeigung der Sterbenden etwas zu mildern.

Emilia – ganz des stolzen, rauhen Degens Tochter (vgl. I, 4) – stirbt tapfer. Odoardo aber lebt weiter, um seine Tat nicht ,,wie eine schale Tragödie" (V, 8) enden zu lassen. Dies fordert den größeren Teil der Tapferkeit.

Odoardo

(II, 2, 4; IV, 6, 7, 8; V, 2, 3, 4, 5, 6, 7, 8)

,,Der Mann, den Hr. Lessing in dieser Handlung den seltenen Tochtermord so richtig begehen läßt, ist ein Mann, so wie die getötete Tochter und alle Helfershelfer des Dichters, um diese Tat auszuführen, vom Meuchelmörder bis zur Emilia Menschen unserer Zeit, nach jetziger Religion, Sitten und Gebräuche mögliche Menschen!"[62]) So steht es in einem 1772 veröffentlichten Brief über ‚Emilia Galotti' aus der Feder des Rezensenten Moses Wessely. Die Einbindung in Sitte, Religion und soziale Ordnung gibt der Gestalt Odoardo Galottis wahrhaftig Kontur und Substanz. Von kantig-kauziger Liebenswürdigkeit begegnet er uns beim Besuch im Stadthaus der Galottis. (II, 2) Dem Schwiegersohn fühlt er sich wesensverwandt. Claudias Bedauern über den ‚Verlust' Emilias, die Appiani in dessen

---

[61]) vgl. ,,Kabale und Liebe", III, 1

[62]) Horst Steinmetz; Lessing – ein unpoetischer Dichter, S. 91

„väterliche Täler" (II, 4) folgen wird, wehrt er mit Argumenten der Vernunft ab. Der Grundhaltung nach patriarchalisch-autoritär, hat er sich doch darauf eingelassen, Emilias Erziehung in der Stadt zu vollenden, wenngleich er diesem Arrangement mit tiefem Mißtrauen gegenübersteht. Mit dem Hofleben hat Odoardo nichts im Sinn, zumal er die windige Moral der Großen erleben konnte, als es in einem Rechtsstreit um den Besitz von Sabionetta ging: „Er ist mein Freund nicht. Er war es, der sich meinen Ansprüchen auf Sabionetta am meisten widersetzte", sagt der Prinz in I, 4. Wenn sich beide in V, 5 begegnen, hat das Gift der Orsina zu wirken begonnen. Odoardo ist noch viel weniger der Freund des Prinzen als je zuvor, aber er bleibt sich bewußt, bei „seinem Fürsten" (V, 5) zu weilen. Ein Lucius Virginius mag er sein – ein Spartacus ist er nicht. Ehre, Religion und Moral sind die Pfeiler, auf welche Odoardo das Gebäude seiner gelebten Überzeugungen stellt. Als in der Person Emilias seine Ehre gekränkt wird, die Moral nicht mehr zu stützen vermag und auch das Vertrauen in Gott nicht hilft, stürzt das Bauwerk zusammen.

Der Mann „der rauhen Tugend" (II, 5) wird zum Mörder seines Kindes, eben weil er kein Rebell gegen die hergebrachte soziale Ordnung zu sein vermag. So wenig es ihm möglich ist, Emilia dem Prinzen zu überlassen, so wenig ist es ihm gegeben, den Weg der Auflehnung gegen die bestehende Ordnung zu gehen. Zwar kommt er – eine Folge südländischen Temperaments – nahe daran, den Dolch der Orsina gegen seinen Fürsten zu heben in einer jähen Aufwallung (vgl. V, 5), aber wenig später erkennt er, daß sich die Notwehr des wehrlosen Untertanen für ihn „nur denken läßt". (V, 6) Was bleibt, ist das Opfer, ist der Weg der Selbstvernichtung. Mehr noch als der Prinz wird Odoardo ein „Raub der Wellen" (vgl. I, 6), als die festgefügte Wertordnung seines Lebens unter dem drängenden Todeswunsch Emilias zerbricht. „In Odoardo", sagt W. Dilthey, „ist eine exzentrische Stärke des moralischen Gefühls, wie es Lessing und die ganze Aufklärung erfüllt, verbunden mit einer ganz gewöhnlichen Hilflosigkeit. Hieraus entspringt seine Fremdheit zu Frau und Tochter und ein ratloses Mißtrauen gegen alles um sich her, gegen jede Chance, die die Zukunft bieten möchte. Durch die Orsina aufs äußerste gebracht, ist er in einem Fieber, das Wahnbilder erzeugt. In diesem Kopf nimmt die Wirklichkeit nun eine verzerrte Gestalt an."[63]) Nicht selten wird in der Literatur die These vertreten, Odoardo sei der eigentliche Held der Tragödie; die Ansichten darüber gehen auseinander. Ihr eigentliches Opfer ist er mit Sicherheit.

Claudia
(II, 1, 2, 4, 5, 6, 7, 8, 9, 11; III, 7, 8; IV, 8)

Claudia wird als junges Mädchen attraktiv gewesen sein; schließlich hat sie eine bildschöne Tochter, und die Erfahrungen, welche sie Emilia vermittelt – sei es über die Verwandlung des wetteifernden Liebhabers in den besitzenden Ehemann oder über die „unbedeutende Sprache der Galanterie" (II, 6) – wirken keineswegs wie angelesen. In der Ehe mit Odoardo Galotti hat sie lernen müssen, sich mit weiblicher List und der Kunst des Nicht-alles-Sagens einen gewissen Freiraum zu erhalten, den die „rauhe Tugend" ihres Gatten nicht mit dem ungemütlichen Mobiliar seiner moralischen Grundsätze vollstellen kann. Was Wunder, daß da Emilias Erziehung in der Stadt als willkommene Gelegenheit zur mindestens zeitweiligen Vergrößerung solchen Freiraums empfunden wird. Mit Odoardo vermählt zu sein, ist für Claudia nicht leicht. Sein Mißtrauen gegen alle und jedes vergällt ihr die Lebensfreude (vgl. II, 5). Selbst seine wohlgemeinten „Überraschungen" (II, 2) münden binnen kurzem in Vorwürfe – hier gegen den unbegleiteten Kirchgang Emilias und wenig später (II, 4) gegen ihre Erziehung in der Residenz. Dabei scheint Claudias Ansicht vernünftig, denn in der Einsamkeit des Galottischen Landgutes einen passablen Schwiegersohn zu gewinnen, kann nicht einfach sein. Zwar hat sich Marinelli in den praktischen Konsequenzen geirrt – nämlich in Claudias erhoffter Duldsamkeit gegenüber dem Konkubinat – aber in anderer Hinsicht hat er durchaus recht. Natürlich schmeichelt es auch ihr, „so etwas von einer

---

[63]) G. E. Lessing – Das Erlebnis und die Dichtung, S. 83

Schwiegermutter eines Prinzen zu sein". (III, 6) Dies zeigt ihre angeregte Schilderung, wie sehr der Prinz von Emilia bezaubert war, als er das Mädchen im Hause des Kanzlers Grimaldi kennenlernte. Die eigene Jugend mag Claudia vor Augen haben, und sie gerät „in einen Ton der Entzükkung". Odoardo nennt sie deshalb „eitle, törichte Mutter" (II, 4) und hat damit wohl in Grenzen recht. Andererseits darf nicht übersehen werden, daß Claudias Vertrauensseligkeit der optimistische Ausgleich zu Odoardos allgegenwärtigem Mißtrauen ist. Sie muß einfach so sein, um in dieser Ehe das Atmen nicht zu verlernen.

Als Odoardos Gattin den Anschlag durchschaut, wächst sie über sich selbst hinaus. Sie wird zur „Löwin, der man die Jungen geraubt". (III, 8) Bei der Wiederbegegnung mit Odoardo auf Dosalo (IV, 8) nach dem Mord an Appiani legt sie alle Inbrunst in die beschwörende Versicherung: „Ich bin unschuldig." Die Verhältnisse geben ihr recht. „Mütter traten zu Lessings Zeit selten im Drama auf, das in dem Jahrhundert der Aufklärung die männlich-vernünftige Führung verlangte", sagt W. Oehlke.[64] So nimmt auch der Dichter der „Emilia Galotti" die Claudia aus dem Ensemble der handelnden Gestalten, als das Spiel in seine entscheidende Phase tritt. (IV, 8) Odoardo hat ihr zwar nahegelegt – wie schon einmal Appiani in II, 11 – ruhig zu sein. Jedoch, böse Vorahnungen plagen sie: „Ich trenne mich ungern von dem Kinde" sind ihre letzten Worte in der Tragödie.

Der Prinz von Guastalla
(I, 1, 2, 3, 4, 5, 6, 7, 8; III, 1, 3, 5;
IV, 1, 2, 4; V, 1, 5, 8)

Einen leibhaftigen Hettore Gonzaga hat es nie gegeben; aber gegeben hat es eine Vielzahl ‚Frommer', ‚Großer', ‚Starker' oder ‚Weiser', mögen sie nun August, Karl oder eben auch Hettore geheißen haben, die diesem Fürsten glichen. Im Sinne des Typischen ist der Prinz von Guastalla deshalb durchaus als historische Persönlichkeit zu ver-

---

[64] Lessing und seine Zeit, S. 167

stehen. Im Kielwasser des ‚Sonnenkönigs‘, Louis XIV. (1643–1715), entfaltete die Bruderschaft der Regierenden jene Prunksucht und Bauwut, jenes Mäzenatentum, das einen Großteil des musealen Bestandes dieser Hemisphäre bescherte. Sachsens Herrscher, August der Starke (1670–1733), hatte seinen Hofbaumeister Daniel Pöppelmann. Dem Prinzen dient die Kunst Contis. Herzog Karl Eugen von Württemberg (1728–1793) – Schillers Zielfigur in ‚Kabale und Liebe‘ – erfreute sich oft erprobter Manneskraft. Der Prinz von Guastalla läuft dem Objekt seiner Begehrlichkeit nach bis vor den Altar. Preußen förderte den Wehrstand. Im verbürgerlichten Weimar sammelte der Hof Intellektuelle. Guastalla prozessierte oder heiratete Land und Einfluß zusammen – die Stichworte Sabionetta und Massa gehören hierher.

Das Sonnenkönigtum fand mancherlei Ausprägungen, die immer darauf hinausliefen, die Träger der Macht zu erhöhen; denn als Statthalter Gottes fühlten sie sich alle – auch dieser Prinz. Daran ändern gelegentliche Arabesken eines gewissen Modernismus nicht das geringste: „Mit euren ersten Häusern!" (I, 6) Sein Beruf ist ihm zuwider: „Die traurigen Geschäfte, und man beneidet uns noch!" (I, 1) Ganz ein Sklave seiner Launen und Begierden, mischt er Liebenswürdigkeit mit Unduldsamkeit, Anerkennung – „Vortrefflich, Conti..." (I, 4) – mit Verdächtigungen – „Der beschwerliche Maler! Ich glaube gar, sie hat ihn bestochen." (I, 3)

Er kann bezaubern, wenn es gilt, andere für sich einzunehmen: „Der denkende Künstler ist noch eins so viel wert." (I, 4) Es entzaubert, wenn die erloschene Liebe zu Gräfin Orsina mit gehässigen Beschreibungen ihres Aussehens abgefeiert wird: „... die Verziehung muß nicht bis zur Grimasse gehen wie bei dieser Gräfin". (vgl. I, 4)

Hettores Verhältnis zu Marinelli richtet sich einzig nach Gesichtspunkten der Opportunität. Der Kammerherr sieht sich einem ständigen Wechselbad von Demütigungen und Freundschaftsbekundungen ausgesetzt, das reguliert wird von Marinellis Nützlichkeit in dem jeweiligen Augenblick der Handlung (vgl. I, 6; III, 1; IV, 1) bis hin zur Schlußsentenz der Tragödie, die alle Schuld auf ihn lädt: „Ist es zum

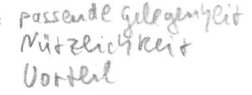

Unglück so mancher nicht genug, daß Fürsten Menschen sind: müssen sich auch noch Teufel in ihren Freund verstellen?" (V, 8)

Dabei hat der Träger der Macht alle Aktivitäten seiner Kreatur mit der gleichen unkonzentrierten Hast sanktioniert, die ihn von dem Augenblick an umtreibt, da Emilia seinen Lüsten verloren scheint. Das Unterzeichnen eines ungeprüften Todesurteils „Recht gern. – Nur her! geschwind" (I, 8), die gelassene Kenntnisnahme von Appianis Ermordung. „...auch ich erschrecke vor einem kleinen Verbrechen nicht. Nur, guter Freund, muß es ein kleines, stilles Verbrechen... sein" (IV, 1), die eiskalte Zurückweisung der Orsina „Ich bin beschäftigt. Ich bin nicht allein" und schließlich die Erlaubnis zum Vier-Augen-Gespräch Odoardo-Emilia „Auch das!" (V, 6) ohne jegliches Gefühl für das Bedrohliche der Situation – alles geschieht im Zeichen dieser unseligen Hast.

W. Oehlke erörtert: „Ist der Prinz ein Verbrecher? Er böte den Sachverständigen eines modernen Gerichts ein psychologisch wertvolles Problem... Der Prinz ist das Gegenteil dessen, was Charakter heißt: ein ‚Raub der Wellen' wie er selbst sagt. Um seiner Leidenschaft rascher frönen zu können, kann er nicht schnell genug ein Todesurteil unterschreiben. Ist er kein Verbrecher? (...) Nein, ein Verbrecher ist der Prinz nicht. Seine innere Schwäche und seine äußere Macht lassen es nicht zu."[65]

Es bleibt unbenommen, diese Ansicht zu teilen oder zu verwerfen. Wenn Genußsucht, sexuelle Begierde und schrankenloser Egoismus das Handeln eines Mächtigen so stark prägen wie bei Hettore Gonzaga, Prinz von Guastalla, sind die Wirkungen – Vorsatz hin, Vorsatz her – unbezweifelbar verheerend.

---

[65]) Lessing und seine Zeit, S. 157 und 159

Marinelli
(I, 6; II, 9, 10; III, 1, 2, 3, 4, 5, 6, 7, 8;
IV, 1, 2, 3, 4, 5, 6; V, 1, 3, 5, 8)

Der Marchese nimmt mit seinem ersten Wort das Ergebnis des Stückes vorweg, soweit es ihn selbst betrifft: „Gnädiger Herr, Sie werden verzeihen. —" (I, 6) Herder war es, der über das Tragödienende hinausdachte und den Kammerherrn in alter Agilität bei den Hochzeitsvorbereitungen für den Fürsten und die Prinzessin von Massa vermutete. Im „Schatten der Majestät" – wie Schillers Sekretarius Wurm treffend formuliert – ist Marinellis Lebensraum. Die Intrige ist seine wahre Berufung, wenn er auch als ‚Hofteufel' (E. Schmidt) keineswegs das satanische Format eines Wurm erreicht – nicht in der Perfektion des Planens und nicht in der raffinierten Subtilität seiner Mittel. „Ein Hofmann, dessen Dienstbereitschaft tief unter hündischer Treue steht, da sie durch die Verführung zum Bösen die eigenen Vorteile erstrebt, ist er bis zum letzten Augenblick gefügig, der letzte Intrigant des alten europäischen Dramas", charakterisiert W. Oehlke.[66] Eine Bedrohung fürchtet Marinelli: aus der Umgebung des Fürsten verbannt zu werden. Ein Bestreben motiviert seine Handlungen: die Anerkennung des Prinzen, womöglich dessen Freundschaft zu erringen. Bürgerverachtung ist die Kehrseite dieser Medaille (vgl. II, 10). Um seinem Ziel näher zu kommen, scheut er vor keiner Schandtat zurück – ob Drohung, Betrug, Überfall oder Mord. Das Instrument der Wahrheitsbeugung handhabt er mit der gleichen Selbstverständlichkeit, wie ihm verbindliche Höflingsphrasen von den Lippen laufen. Dabei überschreitet er ohne zu zögern – selbst gegenüber dem Prinzen – die Grenzen des Glaubhaften, zum Beispiel wenn die Forderung Appianis wegen der Redensart vom „ganzen Affen" (II, 10) zum Selbstopfer für die Interessen des Fürsten hinaufgelogen wird, zumal dann ein Mord den Ehrenhandel ersetzt: „Wer hatte Sie die Affen so kennen gelehrt?" (III, 2)

Gelegentlich erweist sich Marinelli als ein scharfer Beobachter – für den Liebesgram der verabschiedeten Orsina

---

[66] Lessing und seine Zeit, 2. Bd., S. 171

etwa (vgl. I, 6) – aber immer ist er ein schlechter Prophet, wenn menschliches Verhalten vorhergesagt werden soll. Nicht die Bücher sind es, welche der Orsina „den Rest geben" (I, 6), sondern die kalte Zurückweisung durch Hettore Gonzaga (vgl. IV, 4). Er kennt die Mütter nicht; denn Claudia läßt sich ihren Widerstand nicht abkaufen durch die Aussicht „so etwas von einer Schwiegermutter eines Prinzen zu sein" (III, 6) und auch Odoardo erwartet nicht „in tiefster Unterwerfung" (V, 1), welchen Anteil der Prinz an Emilia zu nehmen geruht.

Doch Marinelli versagt nicht nur als Weissager, auch die Krone der Intriganten erringt er nicht. Zwar sichert er sich den Schutz der fürstlichen Macht (vgl. III, 1), jedoch seine Ungeschicklichkeit im Umgang mit der wütenden Gräfin Orsina und dem Ehrenmann Odoardo (vgl. IV, 6) bereitet das klägliche „Weh mir!" (V, 8) des letzten Auftritts vor. Die Neigung, plump zu lügen und das Unvermögen, seine Schurkereien mit Fingerspitzengefühl zu begehen, verleihen der Gestalt Marinellis in der Tat einen äffischen Charakterzug minderer Intelligenz. Eine andere Merkwürdigkeit findet sich in der großen Nähe zu Angelo und Battista. Daß der Planende mit dem Ausführenden tätige Spießgesellschaft unterhält (vgl. III, 2), wirkt eben noch glaubhaft. Wie selbstverständlich aber der Diener Battista als Komplize seines Herrn auftritt – „Sie ist der Tochter auf der Spur, und wo nur nicht – unserm ganzen Anschlage!" (III, 6; vgl. auch III, 7) – verwundert doch angesichts des erheblichen Standesunterschieds.

Daß der Prinz am Ende alle Schuld auf Marinelli häuft, ist nur folgerichtig. Ein Marinelli, ein Wurm könne nur den Part des nützlichen Idioten spielen. An der Seite der Mächtigen wird ihr Platz warmgehalten, solange ihnen der Erfolg treu bleibt. Danach kommt, „auf was für Art sich die Teufel danken".[67])

---

[67]) vgl. „Kabale und Liebe", V, letzte Szene

Camillo Rota
(I, 8)

Rota – das Rad! Dieses Wort bezeichnet das Rad am Altar katholischer Kirchen, in welchem die Monstranz steht. Im Italienischen meint es das höchste päpstliche Appellationsgericht in Rom, dessen Gerichtssaal mit radförmigen Platten gepflastert war. Ein gesicherter Nachweis dafür, daß Lessing bei der Namenswahl des prinzlichen Rates an diese Wortdeutungen gedacht hätte, existiert nicht. Aber die Vermutung liegt nahe. Gleicht Camillo Rota nicht einem Rädchen im Mechanismus despotischer Unerbittlichkeit – allerdings einem solchen, das sich in der Gegenrichtung dreht?

Er tritt in einer einzigen, vergleichsweise kurzen Episodenszene auf, die jedoch genügt, den Prinzen vor das Tribunal des menschlichen Gewissens zu stellen. Ein Todesurteil wäre zu unterzeichnen. Gepeitscht von seinen erhitzten Sinnen ist der Prinz „recht gern" (I, 8) dazu bereit – nur geschwind soll es gehen, denn die Begegnung mit Emilia lockt ihn in die Kirche. Der Rat bewahrt ihn vor der Unmenschlichkeit, ungeprüft das Ende eines menschlichen Lebens zu veranlassen. Damit wird er eine Demonstrationsgestalt gegen die höfischen Kreaturen vom Schlage Marinellis; denn Camillo Rota leistet sich in despotischer Umgebung den Luxus des Gewissens und einer verwundbaren Seele. Man darf ihn wohl einen aufgeklärten Bürger nennen!

Ein zeitgenössischer Rezensent befand, es „kann Camillo Rota auch zu weiter nichts dienen, als etwa zum Nagel, an dem der Dichter des Prinzen Herz zur nähern Beschauung aufhängt".[68] Dies mit einer einzigen kurzen Episode zu leisten, spricht für die dramaturgische Ökonomie der Tragödie.

---

[68]) Julius W. Braun; Lessing im Urtheile seiner Zeitgenossen, S. 399

Conti
(I, 2, 4)

In einem ‚Beytrag zum Reichs-Postreuther‘, Altona 1772 –
dem „3. Brief über Emilia Galotti“ – stellt der Rezensent
fest, Conti verbreite „Licht über das noch erst angehende
Stück“ und gebe einen „Leitfaden“, wie man die Tragödie
betrachten solle, denn seine Grundsätze über Kunst könnten mit „einigen sehr wenigen Abänderungen auch von
dem Drama gelten“.[69]) Der Maler ist eine Figur der Exposition. Einen „denkenden Künstler“ (I, 2) nennt ihn der
Prinz, und zitatreife Sentenzen aus dem Munde Contis belegen das: „. . . die Kunst geht nach Brot“, „Die Kunst
muß malen, wie sich die plastische Natur . . . das Bild
dachte“, „Wir malen mit den Augen der Liebe“ oder auch
eine Nuance bitterer „Unsere schönen Damen sind nicht
alle Tage zum Malen“. Der Disput mit Conti verdeutlicht
widersprüchliche Charakterzüge des Prinzen: seine Gene-
rosität und Kunstgeneigtheit auf der einen, sein egozentri-
sches und wenig delikates Wesen – man denke an die Be-
schreibung der Orsina aus seinem Munde – auf der anderen Seite.

Dieser Maler ist nicht nur ein besessener Künstler: „Auf
dem langen Wege, aus dem Auge durch den Arm in den
Pinsel, wieviel geht da verloren!“ (I, 4) Er zeigt sich auch
um die gewinnbringende Veräußerung seiner Werke nicht
verlegen. So wird Emilias Porträt eben zweimal vergeben –
dem Auftraggeber Odoardo und dem Studenten weiblicher Schönheit Hettore Gonzaga. Nicht von ungefähr
nennt der eingangs zitierte Rezensent die Conti-Gestalt
„local wahr und schicklich“.[70])

Freigebigkeit
großzügig
Edelmütig

---

[69]) Julius W. Braun; a. a. O., S. 401 f.
[70]) Julius W. Braun; a. a. O., S. 401

Graf Appiani
(II, 7, 8, 9, 10, 11)

„Emilia Galotti ist überaus lehrreich für Lessings Verhältnis zur geräuschvollen Episode des Sturmes und Dranges"[71]), sagt E. Schmidt. Und wenn das Stück ein künstlich auf Schrauben gestellter Mechanismus (O. Mann) genannt zu werden verdient, so ist dieser Liebhaber mit dem ‚müden Spleen‘ (E. Schmidt) wahrhaftig geeignet, den entsprechenden Nachweis zu unterstützen: „Der Mann hat alle möglichen Ursachen zum Vergnügen; er hat die liebenswürdigste und geliebteste Braut; tritt in Verbindung mit der achtungswerthesten Familie, wird der Sohn eines Vaters, der seine ganze Bewunderung, seine zärtlichste Ehrerbietung hat, und bey alle dem ist er nicht nur ernst, er ist tiefsinnig, mürrisch"[72]), stellt ein Reszensent 1775 fest.

Appiani bringt alle Voraussetzungen zum idealen Schwiegersohn mit – für diesen Schwiegervater! An seinem Talent zum idealen Ehemann bleiben freilich Zweifel. Er hält sich vom Hofe fern und will als sein eigener, freier Herr in der Abgeschiedenheit der väterlichen Täler leben. Höflinge vom Schlage Marinellis sind ihm zuwider. In seinem Charakterbild findet sich neben den odoardoschen Zügen des Stolzes, der Ehrliebe und Entschlossenheit auch ein Hang zur Idylle und zur Nachgiebigkeit, wenn er etwa Emilia mit einer Rose im unfrisierten Haar und in romantisch-erinnerungsverbrämtem Gewand zum Altar führen will, oder wenn seine Freunde ihm das Versprechen abnötigen können, den Prinzen persönlich vom Heiratsplan zu unterrichten, obwohl ein solcher Gang ihm von Herzen zuwider ist (vgl. II, 7, 8).

Auf der einen Seite ist er – am Tage der Hochzeit! – hitzig zu einem Duell bereit (vgl. II, 10) und leistet tapfere Gegenwehr beim Überfall (vgl. III, 2); auf der anderen Seite plagt ihn müde Schwermut: „. . . ich bin heut ungewöhnlich

---

[71]) Lessing, Bd. 2., S. 45

[72]) Julius W. Braun; Lessing im Urtheile seiner Zeitgenossen, Bd. 2, S. 50

trübe und finster." (II, 8) Emilia springt ihm entgegen, er empfängt sie mit gestelztem Wortgeklingel: „Ich war mir Sie in dem Vorzimmer nicht vermutend." (II, 7) Seine Liebesversprechungen nehmen den Umweg über den Brautvater: „Nie ist mein Entschluß, immer gut, immer edel zu sein, lebendiger, als wenn ich ihn (Odoardo) sehe – wenn ich ihn mir denke, und womit sonst, als mit der Erfüllung dieses Entschlusses kann ich mich der Ehre würdig machen, sein Sohn zu heißen – der Ihrige zu sein, meine Emilia?" (II, 7)

Ferdinand von Walters Liebesschwüre und Himmelsstürmereien, Luise Millers schwärmerische Geständnisse und leidenschaftliche Ausbrüche wären hier undenkbar. Nicht „mein Geliebter" heißt es, wie in ‚Kabale und Liebe', sondern eben „mein guter Appiani". (II, 6) Das Verhältnis des Grafen zu seiner Braut offenbart einen Grundzug des Stückes, nämlich den eklatanten Mangel an Zärtlichkeit. Es gibt sie nicht zwischen Braut und Bräutigam, nicht zwischen Mann und Frau, ja nicht einmal zwischen Vater und Tochter. „Das empfindsame Moment hat in dem neuen Typus (des bürgerlichen Trauerspiels) so gut wie ausgespielt"[73]) kann man bei Karl S. Guthke lesen, und alles sei nur „gedacht" in der Emilia Galotti, hatte schon Goethe beklagt.

Gräfin Orsina
(IV, 3, 4, 5, 6, 7, 8)

Der IV. Akt gehört des Prinzen verabschiedeter Mätresse. Wenig mehr als ein Vierteljahr hat die Liebesbindung gedauert. Auf seiten des Fürsten blieb sie Episode, Szene, vorübergehendes Ereignis. Für die Gräfin dagegen geht es um einen fundamentalen Liebeshandel, dessen Ende ihr schreckliche Qualen bereitet; denn sie liebt Hettore Gonzaga mit der Kraft der Leidenschaft.

In allem zeigt sich die Gräfin anders als Emilia Galotti. Dieses Anderssein ist ihre eigentliche dramaturgische Funktion als Kontrastgestalt. Das Salonwesen Orsina, ausge-

---

[73]) Das deutsche bürgerliche Trauerspiel, S. 60

stattet mit scharfem Verstand und geschliffener Dialektik, steht gegen die jungfräulich-unschuldige Naturschönheit Emilia, Verstand gegen Grazie, Bildung gegen Anmut, bewußte Weiblichkeit gegen den unbewußten Reiz der Jugend. Die Gräfin ist ein Geschöpf des Hofes, aber sie ist es doch nicht ganz, wie ihre Hoffnung auf die Macht des wahren Gefühls zeigt. Sich verschmäht zu sehen, bringt sie an den Rand des Wahnsinns. Sie wird zur Besessenen, zur Furie. Liebesschmerz weicht schriller Rachsucht. In Odoardo glaubt sie das Werkzeug ihrer Vergeltung zu finden. Sie drängt ihm den nach Dosalo mitgebrachten Dolch in die Hand: „Mir wird die Gelegenheit versagt, Gebrauch davon zu machen. Ihnen wird sie nicht fehlen, diese Gelegenheit: und Sie werden sie ergreifen, die erste, die beste – wenn Sie ein Mann sind." (IV, 7) Daß sie mit Gift und Dolch bewaffnet nach dem Lustschlosse gekommen ist, zeigt sich als Ergebnis einer im Liebesschmerz durchwachten Nacht; denn in I, 6 beschreibt Marinelli den desolaten Zustand der Gräfin am Abend vorher, und sie selbst bekundet in IV, 3 „Beßrer Rat kömmt über Nacht."

Es erfüllt sich eine weitere dramaturgische Funktion der Orsina-Gestalt, die derjenigen des Rachechors in Schillers Ballade „Die Kraniche des Ibykus" gleicht. Sie zerreißt das Lügengespinst Marinellis und bringt die Schandtat ans Licht der Öffentlichkeit. Zunächst freilich besteht ihr Forum nur aus dem beleidigten Vater Odoardo, der aus ihrem Munde die ganze schreckliche Wahrheit über Emilias Situation erfährt. So wird der Dolch zu einem äußeren Symbol für den inneren Zustand Odoardos, denn seine moralische Armierung ist für die Herbeiführung der Katastrophe im Spiel von grundsätzlicher Bedeutung. Ansonsten hätte es auch die Hutnadel getan.

Werner Kraft gelangt zu der Folgerung: „Sie (Orsina) ist nicht nur um der Handlung willen da, sondern ihre Gedanken, vom Wahnsinn ausgebrütet, beleuchten wie Blitze die Finsternis der menschlichen Landschaft aus Gewalt und Untergang."[74]

---

[74] „Emilia Galotti" in „Die Neue Rundschau", I/72, S. 212

Mit Interesse bleibt zu vermerken, wie vollkommen die Charakterisierungskunst Lessings in der Gräfin Orsina zutage tritt. Obwohl in eindeutig funktionstragender Weise eingeführt, wird sie nicht für einen Augenblick zu einem Wesen des Schemas; sie bleibt Charakter im Shakespeareschen Sinne und berechtigt H. Steinmetz zu der Feststellung: „Von allen Charakteren dieses meisterhaften Trauerspiels hat keiner mehr Originalität, ist keiner mit größerer Kunst gedacht und behandelt und mit stärkern, treffendern Zügen gezeichnet als der Charakter der Gräfin Orsina."[75])

Angelo
(II, 3; III, 2)

Ein steckbrieflich gesuchter Verbrecher mit „Kundschaft" (III,2) in den höchsten Kreisen gerät natürlich zur entlarvenden Pikanterie hinsichtlich der sittlichen Verfassung des Ländchens Guastalla. Angelo predigt die sonderbare Moral der Banditen. Den ehemaligen Komplizen um seinen Beuteanteil zu betrügen, „mag unter den sogenannten ehrlichen Leuten Mode sein" (II, 3), und Angelo weist dies weit von sich. Denselben Komplizen aber durch Gewaltandrohung zu erpressen, verträgt sich durchaus mit seinem Sittenkodex. Einen interessanten Einblick verschafft in diesem Zusammenhang Angelos Schilderung des Überfalls gegenüber Marinelli (vgl. III, 2). Er hat seinen von Appiani getöteten Komplizen gerächt und hat nun das Recht, dessen Honoraranteil als Erbe zu kassieren: „Das ist so unser Gesetz: ein so gutes, mein ich, als für Treu und Freundschaft je gemacht worden." (III, 2) Der vogelfreie Geschäftsmann betreibt das Mordhandwerk zu Dumpingreisen: „Und billiger bin ich als jeder andere." (III, 2) Mut kann man ihm nicht absprechen – Skrupellosigkeit ebensowenig.

Pirro
(II, 1, 2, 3, 4)

Der Diener der Galottis ist in eine unselige Komplizenschaft mit Angelo verwickelt. Er hat geholfen, seinen vorigen Herrn in die Falle zu führen und möchte nun am lieb-

---

[75]) Lessing – ein unpoetischer Dichter, S. 84

sten nichts mehr davon hören. Jedoch vermag er den Verlockungen des Geldes nicht zu widerstehen. Als ihm Angelo den Beuteanteil von jenem Überfall auf den Deutschen übergeben will, sträubt sich Pirro erst: ,,Ich mag nichts – behalt alles''; doch einen Atemzug später sieht er es anders: ,,So gib nur!'' (II, 3) Achtung vor Odoardo Galotti – ,,Er ist ein Mann'' – und Furcht vor neuen Gewissensqualen – ,,. . . auch bei diesem Verbrechen soll ich dein Mitschuldiger sein?'' – drängen ein ,,Nimmermehr!'' auf seine Lippen, als es um den Überfall auf Appianis Hochzeitszug geht. Doch Angelo erstickt diesen Protest sogleich im Keime, und Pirro bleibt nur die bittere Erkenntnis: ,,Ich Unglücklicher!'' (vgl. II, 4)

Mit sparsamen Strichen zeichnet Lessing hier das Bild eines schwachen Charakters, den die eigene Verführbarkeit in unlösbare Verstrickungen gebracht hat.

Battista
(III, 4, 6, 7; IV, 2)

Marinellis Diener ist von ganz anderem Schlage. Wie der Prinz sich einen Marinelli leistet, leistet sich Marinelli einen Battista. Offensichtlich fördert die Mitwisserschaft um das Komplott des Dieners Selbstbewußtsein. Entsprechend vertraulich ist der Umgangston zwischen ihm und seinem Herrn. Hier haben sich zwei kongeniale Schufte gefunden, wie der Dialog in III,6 unüberhörbar und die vorgetäuschte Biederkeit in III, 7 unübersehbar zeigen.

Kammerdiener
(I, 1, 7)

Der Vollständigkeit halber sei auch auf die einzige der handelnden Personen hingewiesen, die lediglich mechanisch der Fortgang der Handlung zu dienen hat und nicht aus der Anonymität der Gesichtslosigkeit heraustritt. In I, 1 bringt der Kammerdiener des Prinzen jenen Brief der Gräfin Orsina, der dann ungelesen bleibt. In I, 7 meldet er die Ankunft Camillo Rotas im Vorzimmer seines Herrn. Die Bedeutung dieser beiden Ereignisse innerhalb der Exposition wird so gleichsam unterstrichen.

Wertungen in Zitaten

Aufnahme und Wirkung

Emilia ist eine würdige Schwester der *Minna,* und dient zu
einem neuen Beweise einer längst bekannten Weisheit,
daß *Leßing* dazu bestimmt ist, Deutschlands Ehre zu retten, und unsere Nachbarn eyfersüchtig auf uns zu machen. Welch eine Bühne, wir tragen kein Bedenken, diese
Frage aufzuwerfen, so sehr auch einige blinde Verehrer
des französischen Theaters die Nase darüber rümpfen
möchten; welch eine Bühne kann sich einer *Minna,* und o
Glück! daß wir hinzusetzen können, einer *Emilia* rühmen?

> Beytrag zum Reichs-Postreuter,
> Altona, 1772, 23. April

Julius W. Braun, a. a. O., S. 375 f.

Da Dichter und Philosoph, Kenner des Menschen und
Kenner des Genies aller Zeiten nur selten so genau verbunden zu sein pflegen, als sie es in Hrn. Lessing sind, so
möchte in Rührung und Unterricht, in Reichtum und Wahrheit, in Neuheit und Korrektheit sobald kein Trauerspiel
der „Galotti" gleichen, wenn er nicht selbst uns noch
mehrere schenken sollte. Und wie sehr wird dieses nicht
jeder Freund der Bühne wünschen. „Miß Sara Sampson"
hat schon so oft und so unzählige Herzen erweicht; „Phi-
lotas" mehr Bewunderung erregt, jene mehr durch Empfindungen, diese mehr durch Gedanken entzückt. „Galotti" tut beides.

> Aus den Leipziger „Neuen Zeitungen
> von Gelehrten Sachen" 1772

Horst Steinmetz, a. a. O., S. 92

Karl Wilhelm Ramler – Rezension über Emilia Galotti
– 1772

Die letzte Entwicklung ist mit ungemeiner Kunst vorbereitet und wird unsern Augen bis ans Ende glücklich entzo-

gen. Kurz, dieses Trauerspiel hat überall Schönheiten, die jedermann in die Augen fallen, und auch Schönheiten, die vielleicht den Kunstverwandten zuerst und, sobald diese sie anzeigen, allen anderen Augen einleuchtend sind. Wir ersuchen die Kunstrichter, die mehr Raum dazu haben als wir, sich selbst und ihrer Nation durch Entdeckung derselben Ehre zu machen.

Horst Steinmetz, a. a. O., S. 87

Es ist die Reaktion jenes höfischen Dünkels, der überhaupt nicht auf den Gedanken kommt, daß die Empörung gegen das höfische Verbrechen ernst gemeint ist. Es ist die Reaktion jener höfischen Beschränktheit, die sich köstlich amüsiert, wenn das Volk gegen die höfischen Schranken anrennt und sich Beulen holt. Kein Zweifel, auch dem braunschweigischen Erbprinzen lag es weltenfern, den Prinzen von Guastalla für jemanden zu halten, dem er begegnen konnte, wenn er in den Spiegel schaute. Sein Hochmut war borniert genug, um das bürgerliche Trauerspiel, das ein politisches Drama gegen den Hof war, für so etwas wie ein originelles Kostümexperiment an einem klassizistischen Thema zu halten ... Und da man in Braunschweig gern zeigen wollte, was man hatte, und sich darauf was zugute tat, den ersten Schriftsteller Deutschlands zu haben, so wurde das Stück nicht nur gespielt, sondern sogar zu einer Hoffestlichkeit ...

Paul Rilla, a. a. O., S. 233 f.

Nicht weniger als vierzehnmal wurde dieses meisterliche Werk geschliffenster Tragödienkunst gegeben. Vielleicht darf es uns wundern, daß gerade an einem Hof dieses Drama der bürgerlichen Empörung gegen die Entartung eines anmaßenden absolutistischen Hofwesens so herzlich begrüßt wurde. Aber das war es ja: Weimar war ein Hof mit bewußt sozialer Haltung und einem engen, ja freundschaftlichen Verhältnis zum Bürgertum. Er wußte sich eben deshalb im Gegensatz zu jenen an absolutistischer Überheblichkeit geschulten Duodezhöfen, denen die Menschenrechte des Bürgertums ein Nichts bedeuteten.

Heinz Kindermann, a. a. O., S. 316

Die Wirkungen der Tragödie waren größer als Lessing vielleicht vermuten konnte. Aus Zeitbewegungen geboren, mußte sie auch zeitbewegend wirken. In Gotha wurde denn auch schleunigst die Aufführung verboten. Dem eigenen Herrn, Herzog Karl, gegenüber beugte Lessing rechtzeitig vor: das Stück sei „bereits vor einigen Jahren ausgearbeitet und solle weiter nichts als die alte römische Geschichte der Virginia in einer modernen Einkleidung sein". Dennoch mußte die Tragödie in jener tyrannischen Zeit als ein antityrannisches Flammenzeichen emporlodern. Diesem folgten alsbald Schubart und der Göttinger Hainbund, und 1783 trat Schiller mit dem „Fiesco", 1784 mit „Kabale und Liebe" und 1787 mit „Don Carlos" an die Seite der „Emilia Galotti". Luise Millerin ist nicht mehr Italienerin. So erzogen, vermochte das Volk die nun folgenden Ereignisse in Frankreich zu begreifen.

Waldemar Oehlke, a. a. O., S. 184

Auf Marinelli folgten die bis ins Mark faulen, frechen, blasierten Hoffratzen, namentlich Klingers. Sogar Conti zog einen Schweif schwärmerischer Maler nach sich. Hinter Orsina und Goethes Adelheid führten sogenannte Machtweiber einen wahren Veitstanz auf, denen Lady Milford ebenso hoch überlegen ist, als die tugendhafte Mätresse tief sinkt gegen die Lessingsche Gräfin. Wenn sich Schiller auch zu einer wärmeren Liebe für Leisewitz bekannte, da Lessing zu sehr der Aufseher, nicht der Freund seiner Gestalten sei, so war er doch mit der „Emilia Galotti" aufs innigste vertraut, und sie wurde ihm erst viel später ‚zuwider'. Er ist ihr in allen drei Prosastücken seiner Jugend schwächer oder stärker, bewußt oder unbewußt gefolgt, und noch Posa, der kein Fürstendiener sein kann, verleugnet eine entfernte Verwandtschaft mit Appiani nicht. Die ganze krasse Verrina-Episode im „Fiesco" ist eine sehr verzerrte Nachahmung der „Emilia", der konfiszierte Mohr dagegen ein ausgezeichneter Rivale des Angelo. Luise Millerin kommt uns aus der Kirche entgegen, und Wurm kehrt zuletzt den Teufel gegen seinen hohen Spießgesellen heraus. Frau Millerin ist eine meisterlich ins kleinbürgerliche Genre umgearbeitete, jedes Adels entkleidete Claudia. Der Musikus steht als rundeste und unübertrefflichste Figur in der langen Reihe, welche Oberst Galotti in Deutschland anführt.

Erich Schmidt, a. a. O., S. 46

Kunstvoll war das Drama einem Fürstenmord ausgebogen, wie die deutschen Zustände und Stimmungen im achtzehnten Jahrhundert wirklich ein grollendes Ducken unter das verhaßte Joch dem freien Aufbäumen, ein ingrimmiges Verbluten dem rächenden Gegenschlag vorzogen. Doch alles, was Lessing zur Deckung seines Prinzen so erfinderisch aufgeboten hat, schwand zumal in den Augen einer überreizten Jugend vor den schrecklichen Anklagen dahin, die sich im Verlaufe der Tragödie gegen dies unselige Regiment immer steiler erhoben. Guastalla ward in Deutschland gesucht und gefunden.   (S. 41)

Schiller trat auf und rief ohne Scheu von der Bühne herab: Guastalla liegt in Deutschland! Er riß mittelbar und unmittelbar den Schleier von jeder Fäulnis im Staate, ließ das humoristisch gewürzte Bürgerpathos Millers ertönen und zog überwältigend alle politischen Konsequenzen der „Emilia Galotti".   (S. 47)

Erich Schmidt, a. a. O., S. 41 und 47

„Emilia Galotti", die Tragödie der schönen Unschuld und ohnmächtigen Ehre in der vornehmen, reichen Lasterwelt, ist bis auf den heutigen Tag sozusagen das Normaldrama der deutschen Bühne geblieben. Sie bildet gleichsam das Musterlager ihrer zugkräftigen Charaktertypen, von Goethe und Schiller bis auf die Tagesfabrikanten der Bühne damals und heute. Schillers „Kabale und Liebe" erprobte noch nach einem Jahrzehnt wie neu die Zugkraft ihrer Wirkungen.

Karl Borinski, a. a. O., S. 170

(Bodmer schrieb eine parodierende ‚Fortsetzung' zu ‚Emilia Galotti', in der sich zeigt, daß Appiani nur verwundet und der Prinz von Marinelli irregeleitet worden war.)

Odoardo Galotti, Vater der Emilia,
Ein Pendant zu Emilia.
In einem Aufzuge, und Epilogus zur Emilia Galotti.
Augspurg 1778
Von einem längst bekannten Verfasser
(Johann Jacob Bodmer)

Weh all unsern Dichtern, wenn schon ein Lessing auf eine so niedrige Art angegriffen wird! ... Was dachte sich denn dieser Mann, als Er seinen *Odoardo Galotti* hinsudelte? ... Wahrlich! Schande wäre es für uns Deutschen, wenn dergleichen nichtssagende, wahnsinnige Parodien günstig aufgenommen würden. Nicht Pendant zu Emilia Galotti, nein, Makulatur für die Käsekrämer ist dieser Odoardo Galotti –

Berlinisches Litterarisches Wochenblatt, Berlin und Leipzig, 1777, 15. November

(Julius W. Braun, a. a. O., S. 72)

(Schulrektor Steffens in Celle ließ das Stück durch seine Schüler ins Lateinische übersetzen.)

Lessingii Emilia Galotti. Progymnasmatis loco latine reddita et publice acta moderante J. H. Steffens, Cellis, 1778

Die lateinische Emilia Galotti ist ein wahres Monstrum, wovor man laufen möchte. Wie ein sechzehnjähriges Mädchen mit dem zerlumpten Schmuck ihrer seligen Großmutter behängt aussehen würde – gerade so eine drollige Figur ist diese lateinische Emilia. Armes Mädchen! Was du verstellt aussiehst! ... für die lateinische Sprache ... ist sie vollends ganz unübersetzlich, wofern nicht ein deutschlateinischer Wechselbalg zur Welt kommen soll, wie hier leider geschehen.

Allgemeine deutsche Bibliothek, Berlin und Stettin, 1777, 2. Anhang, 2. Abtheilung

Julius W. Braun, a. a. O., S. 87 f.

Wir zeigen diese vorzüglich wohlgerathene Uebersetzung eines sehr bekannten, und wegen des darinnen herrschenden großen Scharfsinnes und vortrefflichen Dialogs allgemein beliebten Trauerspiels des berühmten Leßings hier mit desto größerem Vergnügen an, je mehr der schon durch andere gelehrte Schriften rühmlich bekannte und verdiente Herr Rector Steffens ... sich hier als einen wakkern Schulmann, und besonders auch als einen ächten Kenner der Schönheiten Latiens gezeigt hat.

> Staats- und Gelehrte Zeitung
> des Hamburgischen unpartheyischen
> Correspondenten, Hamburg,
> 1778, 3. Februar

Julius W. Braun, a. a. O., S. 111 f.

Der soziale Gehalt

Nur sein (Lessings) eigener reifer Kunstverstand vermochte nach 17 Jahren das Jugendwerk mit Emilia Galotti 1772 zu übertreffen. Neu ist hier auch ein, freilich noch gedämpfter Ton der Anklage gegen die Träger und Kreaturen des absoluten Fürstentums. Emilia Galotti erschien, nachdem die Entwicklung der deutschen Literatur bereits die Schwelle zum Sturm und Drang überschritten hatte.

Heinz Otto Burger, a. a. O., S. 124

In „Emilia Galotti" sind vom sozialpolitischen Gesichtspunkt eigentlich zwei Problemkreise ineinander verschränkt, ein mehr politischer und ein mehr sozialer: die Obrigkeit im absolutistischen Staat und seine ständische Gesellschaftsordnung. In den Tragödien der Stürmer und Dränger treten beide auseinander oder berühren sich nur wenig; in „Kabale und Liebe" nähern sie sich jedoch wieder aneinander an.

Karl S. Guthke, Das deutsche bürgerliche Trauerspiel, a. a. O., S. 70

Ein bürgerlicher Dichter, der im Deutschland des achtzehnten Jahrhunderts eine „bürgerliche Virginia" schreiben wollte, mußte denn nun freilich wohl um einen tragisch versöhnenden Ausgang verlegen sein. Hatte doch eben erst in Lessings sächsischer Heimat ein adliges Haus seiner Tochter ein Hochzeitsfest ausgerichtet, weil der angestammte Despot sie zu einer seiner Mätressen erkor. Auf deutschem Boden wuchs weder eine Emilia noch ein Odoardo; hier forderte das vielleicht tragischste Motiv der Weltgeschichte viel eher einen Aristophanes als einen Sophokles heraus. Aber Lessing hätte nicht der Vorkämpfer der bürgerlichen Klassen sein müssen, um über ihre Schmach nicht viel mehr zürnen als spotten zu sollen. So mußte er, um die psychologischen Voraussetzungen seiner Fabel zu retten, die Handlung aus der langweilig-liederlichen Philisterwelt des Vaterlandes in das heißblütigere Volk zurückverlegen, aus dem die römische Virginia entsprossen war.

Franz Mehring, a. a. O., S. 373

Das Politische ist eliminiert; aber das bedeutet kein Minus an Handlungsfülle: einmal stehen an der Stelle jener abstrakten und unglaubhaften Personifikationen der Römertugend (Virginia und Publicia) und des Despotenlasters (Appius und Claudius) Emilia und Claudia Galotti auf der einen, der Prinz und Marinelli auf der anderen Seite; und jedes Gespräch des einen und des anderen Paars macht die Eigentümlichkeiten und Unterschiede der zusammenwirkenden Charaktere spürbar und bildet damit ein wenn auch untergeordnetes Handlungsmoment.

Wolfgang Ritzel, a. a. O., S. 202

Lessing hat bewußt *keine* politische Tragödie geschrieben – wenn Rilla den politischen Charakter der „Emilia" nachweisen will, so übersieht er, daß Politik der Kampf zwischen den Klassen um die Staatsmacht ist und daß der gesellschaftliche Gehalt des Lessingschen Stückes auf ganz anderer Ebene liegt. Ist „Emilia Galotti" aber auch keine politische Tragödie, so ist sie doch eine in höchstem Maße sozialkritische.

Volker Riedel, a. a. O., S. 115

Was aber „Emilia Galotti" betrifft, so ist es kein Zufall, daß das Werk unter allen Lessingschen Dramen die längste Entstehungsgeschichte hat . . . Seine Reife ist sein politischer Reifegrad. Und Lessing zielt historisch ebenso richtig, wie er politisch richtig zielt, gerade weil das Stück im Sinne jener Leipziger Äußerung kein Historienstück wurde, das mit dem Umsturz einer ganzen Staatsverfassung endet. Historisch und politisch richtig: weil in Italien wie in Deutschland der Widerstand gegen den fürstlichen Despotismus noch keine anderen Folgen haben konnte, als daß ein individueller Konflikt blutig verlief, und blutig nicht auf Kosten des Despoten.

Paul Rilla, a. a. O., S. 229 f.

In der deutschen Situation konnte der Dichter keinen Vater einer von fürstlichen Despoten belästigten Tochter auf die Straße schicken und ans Volk appellieren lassen. Die Tötung der Tochter konnte nicht zum Aufstand der unterdrückten Klasse führen. Aber die aktuelle politische Bedeutung des Dramas war nicht zu verkennen und ist von den Zeitgenossen auch klar erkannt worden.

Joachim Müller, a. a. O., S. 54

Immer vollständiger überblickte Lessing den furchtbaren Zusammenhang, in welchem das von der Selbstherrschaft bedingte Hofleben der Zeit mit der Herabminderung der Charaktere und der Abnutzung der Menschen stand. Und um ihn her nahm die Opposition gegen die Kabinettsjustiz, die Üppigkeit der Höfe, die mit der Kunst spielte, und die Unterdrückung der öffentlichen Meinung beständig zu.

In dieser Atmosphäre und aus solchen Erfahrungen Lessings ist Emilia Galotti entstanden. Das erste echt politische Stück, das in Deutschland seit Andreas Gryphius geschrieben worden ist. Sein Mittelpunkt war der innere Gegensatz, in welchem die allmählich herangereifte innere Selbständigkeit der Person zum überlebten Fortbestand der gesetzlosen Selbstherrschaft stand. Aus der Natur dieser Staatsform folgt alles in dieser politischen Tragödie.

Wilhelm Dilthey, a. a. O., S. 58

Die Gestalten der „Emilia Galotti" sind keineswegs sozial untypische Individuen; vielmehr ist der private Gehalt bestimmt durch den in ihm zutage tretenden Klassenantagonismus. Es stehen sich nicht einfach die Personen Hettore Gonzaga und Emilia Galotti gegenüber, sondern beide sind Repräsentanten entgegengesetzter Klassen – und nicht nur sie, sondern auch Marinelli und Orsina auf der einen, Odoardo, Claudia und Appiani auf der anderen Seite sind in Charakter und Handlungsweise durch die gesellschaftlichen Verhältnisse bestimmt. Wie sich in den drei aristokratischen Gestalten verschiedene Nuancen höfischen Verhaltens zeigen, so in den bürgerlichen oder verbürgerlichten unterschiedliche Verhaltensweisen des Bürgertums: Leiden, versteckte Anpassung, Unterwürfigkeit, religiöse Moral und stolze Ablehnung des höfischen Lebens. Nicht der Prinz, sondern der absolutistische Machtapparat bringt die Katastrophe hervor – und ebenso erwächst das Unglück der Emilia auch aus dem Verhalten der bürgerlichen Personen insgesamt.

Volker Riedel, a. a. O., S. 118 f.

Die namhaften Zeitgenossen verstanden sofort den sozialen Gehalt der Tragödie, Herder nannte den Verfasser einen „ganzen Mann" und wollte der „Emilia" das Motto: Discite moniti! vorgesetzt wissen. Goethe sah in ihr den „entscheidenden Schritt zur sittlich erregten Opposition gegen die tyrannische Willkürherrschaft", und noch in späteren Jahren pries er sie als ein vortreffliches Werk, ein Stück voller Verstand, voll Weisheit, voll tiefer Blicke in die Welt, das überhaupt eine ungeheure Kultur ausspreche,

„gegen die wir jetzt schon wieder Barbaren sind" und das zu jeder Zeit als neu erscheinen müsse. „Emilia Galotti" war die Tat zu den Gedanken der „Dramaturgie" . . .

Franz Mehring, a. a. O., S. 375

Von den „Piquen auf die Fürsten", die Lessing in der ‚Emilia Galotti' an den Tag lege, sprach schon Goethe, und bis heute ist die politische Deutung, obwohl schon von Herder zurückgewiesen, nicht verstummt, auch im Westen nicht . . . Eher äußert sich das Tragische hier auf einer ganz anderen Ebene, nämlich auf der religiösen, d. h. in dem widersprüchlichen Verhältnis Odoardos zu seinem Gott, dessen Gebot er im Zurückschrecken vor dem Fürstenmord erfüllt, gegen den er sich aber, aus autonomer Moral, im Kindesmord vergeht und dessen Urteil er sich dann doch unterstellt – obwohl er dessen Richterrolle also bereits usurpiert hat.

Karl S. Guthke, Der Stand der Lessing-Forschung, a. a. O., S. 50 f.

Dennoch wird die bezeichnete sozialpolitische Interpretation des Gegensatzes von Hof- und Bürgerwelt erst dann schlüssig, wenn sich die Annahme der geistesgeschichtlichen Lessingforschung von Dilthey bis Korff bestätigt, daß der Bürger Odoardo (der für sie die Zentralfigur wird) rückhaltlos als vorbildlich dargestellt sei, nämlich als exemplarische Verkörperung einer als positiv verstandenen Tugend. Daß sich in Odoardo die „sittliche Überlegenheit des Bürgertums manifestiert" und daß namentlich in seinem Entschluß, statt den Fürsten die Tochter zu töten, „dem Bürgertum ein leuchtendes Denkmal seiner moralischen Integrität und sittlichen Kraft" errichtet würde . . . behauptet heute jedoch nur noch die marxistische oder soziologisch engagierte Auslegung der „Emilia Galotti" . . . Neuere Deutungen . . . beweisen jedoch einen schärferen Blick für das moralische Versagen und die charakterliche Schwäche Odoardos: sei es, daß seine ins Absurde und Inhumane übertriebene Moralanschauung mehr in den Vordergrund gerückt wird oder seine im Grunde emotional-labile, kopflose Art, die seine Republikanertugend als Schein und Maske entlarvt. Die Crux aller dieser zwar einleuchtenden Versuche bleibt, daß Odoardos Verhalten an einem psychologischen und moralischen Maß des Verhaltens gemessen wird, das im Stück selbst nicht als Ideal und Standard gegeben ist.

Karl S. Guthke, Das deutsche bürgerliche Trauerspiel, a. a. O., S. 67

Der sozialkritische Gehalt der „Emilia" verdichtet sich noch einmal gegen Ende des Stückes . . . Mit der Erinnerung an die Tat des Virginius ruft sie den schwankenden Odoardo zum Handeln auf: „Ehedem gab es wohl einen Vater, der, seine Tochter von der Schande zu retten, ihr den ersten, den besten Stahl in das Herz senkte – ihr zum zweiten das Leben gab. Aber alle solche Taten sind von ehedem! Solcher Väter gibt es keinen mehr!" Die Erwähnung des römischen Vorbilds hat eine doppelte Funktion: Im Stück selbst ist sie Emilias letztes Mittel, ihren Vater zur Tat zu bewegen; in seinem weltanschaulichen Gehalt dient der direkte Vergleich mit dem tradierten Motiv einer rücksichtslosen Gewaltherrschaft zur schärfsten Formulierung der Anklage gegen den höfischen Despotismus.

Volker Riedel, a. a. O., S. 120

Odoardo verweist in seinen Schlußworten auf den göttlichen Richter als letzte Instanz, der er sich unterwirft. Damit spitzt sich die tragische Demonstration auf die Theodizeefrage zu . . . Ohne das Ernstnehmen des religiösen Aspekts wäre die Interpretation dieses bgl. Tr. (bürgerlichen Trauerspiels) unvollständig. Man begegnete allerdings einem komplexen Stück wie der „Emilia Galotti" unangemessen, ja verfiele prinzipiell in die schematische Denkform der sozialpolitischen Deutung, wollte man hier im Sinne des Entweder- Oder entscheiden (Propagandastück oder Tragödie der religiösen Desorientierung). Das Tragische ist trotzdem nicht schon im politischen Mißstand beschlossen; dieser ist eher Chiffre der gebrechlichen Welt, in der die Tragik ihren Ansatz, aber nicht ihre Vollendung findet.

Karl S. Guthke, Das deutsche bürgerliche Trauerspiel, a. a. O., S. 68

Das Tragische liegt in der Hilflosigkeit dieser rechtlosen Untertanen gegenüber der Selbstherrschaft. Indem dieselben von der Intrige umgarnt und gleichsam erdrosselt werden, kommt ihre Ohnmacht von Szene zu Szene an den Tag — und damit die Misere der politischen Verfassung, in der sie leben. Diese Form der modernen sozialen Tragödie hat eine Reihe unserer wirksamsten Stücke bestimmt. In „Kabale und Liebe" stehen sich die höfische Welt und das Bürgerhaus, das die unabhängige schwärmerische Natur des Ministersohns zu sich hinzieht, gegenüber; im Clavigo die Ehrgeizigen, die vom Hof und dessen Wünschen abhängen, und die schlichten Seelen, die nur vom Gemüt Befehle empfangen.

Wilhelm Dilthey, a. a. O., S. 59 f.

Notizen zur Dramaturgie

Lessing war gegen den französischen Klassizismus so streng, weil er ein besseres Vorbild zu bieten hatte: er führte diesen Kampf im Zeichen Shakespeares ... In der Tat, jahrzehntelang hatte Gottsched das deutsche Drama zu den Franzosen in die Schule geschickt, und nichts als frostige, leblose Schulübungen waren herausgekommen. Jetzt erschien Shakespeare als Befreier vom Regelzwange, und nach wenigen Jahren begann mit „Götz von Berlichingen" der ewige Frühling unsrer Dichtung.

Heinrich Meyer-Benfey, a. a. O., S. 17 und 18

... die Nachahmung Shakespeares ist ihnen nicht Mittel, sondern Zweck. Nicht so Lessing! Er hatte nach *Aristoteles* über den letzten Endzweck des Trauerspiels nachgedacht, hatte gesehen, wie Sophokles zu diesem Ziele gelangt sei; gesehen, durch welch einen ganz anders scheinenden Weg auch Shakespeare nur eben dahin geeilt sei. Nun bestimmt er mit großer Weisheit, welcher Weg ihn zum besten hinleiten würde, wählte den und betrat ihn mit wahren Genie ausgerüstet. In dem Verstande können wir die Nachahmung Shakespeares nicht nur zugeben, sondern er ist das wahre Lob Lessings, dem größten Dichter (der mit der Natur fast nur eins ist) mit solcher Weisheit und in solcher Höhe nachgeahmt zu haben. –

Johann Erich Biester, 1777
Aus der ‚Allgemeinen Deutschen
Bibliothek'
Horst Steinmetz, a. a. O., S. 107

Ohne labyrinthische Verwirrungen, ohne abstechende Situationen, ohne unnatürliche Theaterstreiche hat die ganze Ökonomie des Stückes die größte Einfalt und den beneidungswürdigsten Reichtum. Alles hängt vortrefflich zusammen, ohne durch grobe und verworrne Fäden zusammengeflickt zu sein. Wir werden auf natürlichen Stufen bis ans Ende fortgeleitet.

Christian Heinrich Schmidt, 1773
Aus: Ueber einige Schönheiten
der ‚Emilia Galotti'
Horst Steinmetz, a. a. O., S. 102

Das bürgerliche Fühlen fühlt nicht nur, es bekommt einen Inhalt, der die abstrakte Hülle sprengt. Tugend und Laster sind nicht mehr moralische Begriffe, sondern reden eine soziale Zeichensprache. Tugend bedeutet die Moral der unterdrückten Klasse. Laster bedeutet die Unmoral der herrschenden Klasse. Tugend ist die Menschenwürde der sozial Rechtlosen; hinter der Menschenlarve der Herrschenden verbirgt sich das triumphierende Laster. Und wenn hier doch noch allgemeine, obwohl mit sozialem Inhalt gefüllte Antithesen zu sein scheinen, so sind sie vielmehr die Antithesen eines Inhalts, der nicht das aufgelöste Allgemeine meint, sondern als die realistische Wahrheit eines ganz scharf gesehenen individuellen Konflikts sich verallgemeinert, so daß das Allgemeine gerade die genaue Kontur des Individuellen ist. Man erkennt die Lehre vom Typischen aus der ‚Hamburgischen Dramaturgie‘ wieder.

Paul Rilla, a. a. O., S. 232

. . . Die Begebenheit, nicht der Charakter, ist es, die hier in der bürgerlichen Form des psychologisch gesehenen ‚Falles‘ die Anlage des Dramas bestimmt. Gegeben ist das Faktum: das Virginiamotiv, von Lessing geleistet wird eine moderne, psychologische Analyse dieses Faktums in Prosadrama.

Max Kommerell, a. a. O., S. 200

Die Grundkonzeption der *Emilia* mag geradezu als ein Rückschritt anmuten: in Marinelli, der bei weitem am häufigsten auf der Szene erscheint, stellt sich eine reine Intrigantenfigur als Motor des Dramas vor, und diesen Eindruck kann auch die betonte, aber kaum motivierte Antipathie zwischen ihm und Appiani nicht mildern.

Jürgen Schröder, a. a. O., S. 190

Außerdem hat nun wirklich jeder der fünf Aufzüge seine Funktion. Der erste: Exposition; Vorbereitung des Anschlags. Der zweite: die Galottis und Appiani gehen ahnungslos der tödlichen Gefahr entgegen. Der dritte: das „Bubenstück" gelingt. Der vierte: durch den Roman der Orsina erhält die Emilia-Handlung Hintergrund; Odoardo wird ins Bild gesetzt; der Dolch wird ihm ausgehändigt. Der fünfte: „eine Rose gebrochen, ehe der Sturm sie entblättert."

Wolfgang Ritzel, a. a. O., S. 202

Die Tragödie der Emilia ist so nur ein Sektor der weit umfassenderen Tragödie „Emilia Galotti". Die Szenen, in denen Emilia nicht erscheint, sind nicht Erläuterungen für deren Tragödie, sondern selbst poetisch tragische Wirklichkeit. Dies beweist schon die Orsina im vierten Akt, in der die tragisch pathetischen Ausbrüche gipfeln.

Otto Mann, a. a. O., S. 265

Es ist erstaunlich, bis zu welchem Grade Lessing, um die Handlung zu gestalten, seine Personen im Unwissen hält über Vorfälle und Abmachungen, die definitiv ihre Interessen berühren. Conti weiß nicht, daß Hettore und Emilia miteinander bekannt sind; Hettore ist nicht davon unterrichtet, daß Conti Emilias Porträt malt; Marinelli weiß nicht, daß Hettore hoffnungslos der Emilia verfallen ist. Hettore hat keine Ahnung, daß Emilia bald Appiani heiraten wird. Hettore unterläßt es, Orsinas Brief zu lesen und macht sich folglich nicht klar, daß sie zu seinem Landsitz kommt. Hettore ist nicht im Bilde, daß Marinelli Appianis Ermordung für sein (Hettores) Wohl plant; und Marinelli wiederum wird nicht gewahr, daß Hettore beabsichtigt, Emilia in der Öffentlichkeit zu treffen. Weder Appiani noch Odoardo argwöhnen, daß Hettore sich Emilia genähert hat; und weder Claudia noch Emilia finden heraus, was zwischen Marinelli und Appiani vorgefallen ist. All das in den ersten zwei Akten! Es möchte scheinen, als hätten diese Personen sich verschworen, dramatischen Konflikt und dramatische Wirkung zu umgehen.

Fred Otto Nolte, a. a. O., S. 231

So ist auch das Motiv der Blindheit wieder stark herausgehoben. Das Unglück wird schon in der Vorgeschichte durch des Menschen Blindheit vorbereitet. Der alte Galotti lebt auf seinem Gute; die Mutter hingegen möchte mit der Tochter in der Stadt leben. Hier böten sich ihr die besseren Chancen. Hier lernt auch der Graf Appiani sie kennen, aber auch der Prinz. Und Blindheit herrscht noch am Ende des Stückes, wenn Marinelli glaubt, Emilia noch für seinen Herrn retten zu können und sie damit in den Tod treibt.

Otto Mann, a. a. O., S. 262

Unter den Dramen Lessings ist es vor allem Emilia Galotti, deren episodische Dialogszenen (Orsinaszenen) Retardierungscharakter haben. Wird auch mit dem Auftritt Odoardos (IV, 6) und seinem Zusammentreffen mit der Gräfin das Gegenspiel erst recht in Schwung gebracht, so halten zweifellos die umfangreichen Gespräche IV, 3, 5 den Gang der Handlung wesentlich auf, Dialogszenen, deren Redeführung selbst wieder verzögert erscheint durch die stark charakteristisch gefärbten Reflexionen der Sprecherin.

Hans Schuchmann, a. a. O., S. 96

Von hier aus gesehen, besteht der fünfte Aufzug des Trauerspiels in nichts anderem als einer ständigen Wiederholung des Auftritts IV, 7, in einer unablässigen Auseinandersetzung Odoardos mit Orsina. Und darum enthält dieser Auftritt in nuce das ganze Drama. Seine Stichworte und Spannungen kehren offen oder variiert immer wieder: Verstand haben und den Verstand verlieren, Verstand und Wut (Zorn), Besinnung und Übereilung, Berechnung und Ratlosigkeit, ,,ruhig'' und ,,kalt'' sein wollen und ,,wild'' und ,,hitzig'' ausbrechen – bis hin zum blanken Zitat . . .

Jürgen Schröder, a. a. O., S. 198

Damit hängt nun auch Lessings humanitär-philantropische, sozial orientierte Auslegung des Katharsis-Begriffes zusammen. Der tragische Reinigungs-Effekt ist zwar einerseits ein gattungs-immanenter ästhetischer Vorgang. Zugleich wirkt er jedoch über das Kunstwerk hinaus, verändert den Zuschauer als Glied der Gesellschaft; nicht zwar durch moralisierende Belehrung und unmittelbare Besserung bestimmter Mängel und Laster, sondern mittelbar: unsere potentiellen Leidenschaften werden aktiviert, damit wir uns – wie es wörtlich im Briefwechsel mit Mendelssohn heißt – ,,eines größeren Grads unsrer Realität bewußt'' werden.

Hans Joachim Schrimpf, a. a. O., S. 45 f.

Dialog und Rede

Nirgends hat diese Kunst feiner und sicherer gearbeitet als hier. Der Bau der Auftritte und Akte wiederholt den geschlossenen Bau der Dialoge, die ihrerseits von den knappen und aufs äußerste verkürzten szenischen Umrissen im schmalsten Raum zusammengehalten werden. Ein Meisterwerk der dramatischen Ökonomie. Nichts Überflüssiges, weder sentimentale Zutat noch schmückender Zierat.

Paul Rilla, a. a. O., S. 233

Gewiß hat Lessing auch an diesem Stück mehr „gedacht" als „gedichtet", wie schon die abgebrochene Form der Rede, die doch schon bei den Stürmern und Drängern Schule machte, und die technisch strenge Form lehren.

Waldemar Oehlke, a. a. O., S. 185

Was Lessings Gesprächsführung im Drama vor der Schillers (das gilt vornehmlich von den Prosadramen) auszeichnet, ist seine einzigartige Technik, die präzisierte, zugespitzte Form von Rede und Gegenrede, die in ihrer anaphorischen Stilisierung die innere und äußere Verbindung mit besonderem Nachdruck betont.

Hans Schuchmann, a. a. O., S. 101

Ein unbarmherziges Beim-Wort-Nehmen und Ganz-genau Wissenwollen rückt die Dinge zurecht ... und dieser Wille zum Zurechtrücken, zur definitorischen Eindeutigkeit, zum Infragestellen und Zurückschleudern geprüfter und für falsch befundener Münzen kennzeichnet auch die Dialoge des Streitredners Lessing, kennzeichnet die Akteure der Dramen, die geradezu darauf versessen sind, durch sehr markante im Frage- und Ausruf-Ton vorgetragene Wiederholungen die Thesen ihrer Szenen-Partner ins Zwielicht zu rücken.

Dafür ein Beispiel aus der „Emilia Galotti". Marinelli sucht den Grafen Appiani zum Aufschub seiner Hochzeit zu überreden:

Marinelli: Ich sollte meinen, daß es sonach um so weniger Schwierigkeiten haben könne, die Zeremonie bis zu Ihrer Zurückkunft auszusetzen.

Appiani: Die Zeremonie? Nur die Zeremonie?

Marinelli: Die guten Eltern werden es so genau nicht nehmen.

Appiani: Die guten Eltern?

Marinelli: Und Emilia bleibt Ihnen ja wohl gewiß.

Appiani: Ja wohl gewiß? – Sie sind mit Ihrem ja wohl – jawohl ein ganzer Affe!

Ein staunende Frage, ein winziger Zusatz den Zweifel bezeichnend, eine Umkehr- und Wortwitz-Replik: und der Fall ist erledigt, der Gegner, er heiße nun Marinelli oder Goeze, heiße Wieland oder Hettore Gonzaga, zur Strecke gebracht.

Walter Jens, a. a. O., S. 38 f.

Genaugenommen motiviert er Figur und Geschehen nicht um ihrer selbst willen, sondern er läßt sich umgekehrt seine dramatische Eigenart beglaubigen, indem er die dominante Dialogspannung jeweils durch Figur und Geschehen, als abhängige und variable Größen, motiviert ... Auf diese Weise wird das Drama Lessings zuletzt zur Funktion und zum vollkommenen Ausdruck seines planenden und dialogischen Geistes. Das Drama des umspringend-einseitigen Sprechens und Übersetzens wirkt später als das Drama der Figuren. Der Dialog wird zum ‚Dramalog', weil jedes Wort seiner Position und Funktion im Gesamtraum des Dramas bewußt geworden ist. Dieser ‚Dramalog' enthält und leistet auch die psychologische Motivation der *Emilia*. Man kann sie buchstäblich Wort für Wort nachrechnen und wird nicht umhin können, das sensible psychologische Funktionssystem zu bewundern, das sich

105

zwischen den Figuren ausspannt... Es gehört zum Wesen dieses psychologischen Funktionssystems des Dialogs, daß es zwar innere Zustände, Leiden und Reaktionen in erstaunlicher Lebendigkeit abzuspiegeln, aber keine autonomen Ereignisse, Entscheidungen und Taten wiederzugeben vermag. Wo die Kunst der dialogischen Motivation beherrschend wird, kann es im Grunde keine spontanen Aktionen und zwingenden Abschlüsse mehr geben.

Jürgen Schröder, a. a. O., S. 203 f.

Das unterscheidet sie... vor allem auch von jenem Prinzen Gonzaga, der noch dort beim höfischen Geplapper verharrt und sein „recht gern, recht gern" verlauten läßt, wo es um die Unterzeichnung eines Todesurteils geht. Mag Hettore Gonzaga ansonsten noch soviel lessingisieren: seine sprachlich unangemessene Reaktion in einer entscheidenden Stunde verrät, daß auch er zu jenen Marionetten und höfischen Puppen gehört, die Lessing in der „Hamburgischen Dramaturgie" – weit, weit vor Büchner und Marx! – als Maschinen bezeichnet... als Automaten, die der Dichter erst einmal in Menschen umwandeln müsse.

Walter Jens, a. a. O., S. 47

Sind nicht einige Reden ein bischen – wie sollen wir recht sagen – zu scharfsinnig, oder zu witzig, oder sonst so? Wir wollen gern geirrt haben. –

> Kayserlich privilegirte Neue
> Hamburgische Zeitung, Hamburg,
> 1772, 8. April

Julius W. Braun, a. a. O., S. 370

Ungeachtet Hr. L. Affe und Schnickschnack sagen läßt, so sind diejenigen, die es sagen, dennoch Personen von Erziehung, und Herr L. hat Welt genug, es sie sagen lassen zu können . . . Ueberdem ist die Sprache der Leidenschaften nicht Grimace, keine Hofsprache, sondern die natürliche, es mag sie reden, wer da will.

Beytrag zum Reichs-Postreuter,
Altona, 1772, 16. Julius (5. Brief)

Julius W. Braun, a. a. O., S. 411

Emilias Verführbarkeit

In der *Emilia* wird die intellektuelle Einsicht in die natürliche Verführbarkeit des Menschen in die dramatische Rechnung eingefügt, um die notwendige Entscheidung zu erzwingen.

Jürgen Schröder, a. a. O., S. 207

Claudius dagegen schreibt: „Eines kann ich mir in diesem Augenblick nicht recht auflösen, wie nämlich die Emilia so zu sagen bey der Leiche ihres Appiani an die Verführung eines andern und dabey an ihr warmes Blut denken konnte. Mich dünkt, ich hätt' an ihrer Stelle nackt durch'n Heer der wollüstigsten Teufel gehen wollen, und keiner hätt' es wagen sollen, mich anzurühren." Er allein durfte diesen Einwand erheben, da sein radikales Christentum auch nur die Möglichkeit der Verführung ausschließt. Vielleicht ist aber in Emilia ursprünglich eine christliche Märtyrerin angelegt, die Lessing zur antiken Heldin im Sinne der Virginia und zur modernen im Sinne eines kämpfenden Widerparts gegen den Absolutismus entwickeln wollte.

Werner Kraft, a. a. O., S. 202

. . . wie kann sich *Emilie,* in ihrer jetzigen Lage, vor Verführung fürchten? und vor Verführung vom Prinzen? Sie weiß, wie sie selbst gesteht, warum *Appiani* tot ist, dieser ihr teurer, geliebter *Appiani,* dessen Tod ihr, wo sie nicht das nichtswürdigste Mägdchen ist, an die innerste Seele gehen muß; sie sieht gleichsam sein Blut noch an den Händen des Prinzen kleben: und wäre nun dieser Prinz ein Adonis, wäre er der liebenswürdigste aller Sterblichen, so müßte er ihr doch um dieses Blutes willen, in diesem ersten Augenblicke der empörten Leidenschaft, das gräßlichste, verabscheuungswürdigste Ungeheuer dünken, das je die Erde getragen. Dazu kömmt noch, daß sie den ganzen Plan durchsieht, den er gegen ihre Tugend gemacht, diesen ehrlosen, schändlichen Plan . . .

Johann Jakob Engel, Aus: Briefe über „Emilia Galotti", Dritter Brief, 1775

Horst Steinmetz, a. a. O., S. 103

Es ist die Achillesferse des Trauerspiels, die der Dichter schon mit Unbehagen erkannte und die mißgünstige Krittler von jeher verspottet, aber auch sachliche Kritiker von jeher getadelt haben. Sie ist nun einmal nicht zu beseitigen, auch nicht durch die wohlwollende Auslegung Goethes, die vielmehr der ganzen Tragödie den Rücken bricht, es sei nur nicht deutlich genug ausgesprochen, daß Emilia den Prinzen heimlich liebe. Wenn Emilia den Prinzen heimlich liebte, dann wäre der alte Odoardo kein tragischer Held: dann tötete er die Tochter, um ihre anatomische Unschuld zu sichern oder den Prinzen um seine sichere Beute zu betrügen, und Lessing läßt ihn wohlweislich in seinem letzten Monologe sagen, daß, wenn das Pärchen einverstanden wäre, die Tochter nicht wert sein würde, vom Dolche des Vaters zu fallen. Nein, Emilia liebt den Prinzen nicht, soll ihn nach des Dichters Absicht nicht lieben, aber daß sie und ihr Vater dennoch vor der Despotenwillkür und – der eigenen Fürstenfürchtigkeit keine Rettung wissen, als den Mord der Tochter durch den Vater, das ist jenes Gräßliche, das weder Furcht noch Mitleid erregen und das, wie Lessing im 79. Stück der „Dramaturgie" an der Hand von Aristoteles so überzeugend auseinandergesetzt hat, keine tragische Wirkung haben kann, auch wenn es in der Geschichte begründet ist.

Franz Mehring, a. a. O., S. 371 f.

In diesem Augenblick des höchsten moralischen Entschlusses, dessen ein Mensch fähig ist: der Würde der Person das Leben zu opfern, muß Emilia in einem solchen Bewußtsein ihrer Kraft leben, daß sie eine Verführung nicht fürchten kann.

Wilhelm Dilthey, a. a. O., S. 62

Wir hören von Emiliens Keuschheit nur den einen Zug: daß sie zu Gott betet, ehe sie unkeusche Liebe anhören soll, sie lieber mit Taubheit zu schlagen, und wann auch, wann auch auf immer. Aber wieviel sagt uns nicht dieser eine Zug? Wie sehr muß sie nicht über Keuschheit nachgedacht, in jedem Begegniß ihres Lebens nachgedacht, und sich daraus Warnungen gezogen haben? Ihre schwärmerische Frömmigkeit giebt ihr, gegen das Ende des Stücks, den Gedanken ein, sich zu ermorden, um ihre Unschuld zu retten ... Die Unschuld, sagt ihr ihr Vater, ist über alle Gewalt erhaben. – Aber nicht über alle Verführung! und nun klagt das fromme Mädchen ihr zu leicht wallendes Blut, ihre zu bald empörten Sinne an, wie vor ihrem Beichtiger, spricht von den strengsten Übungen der Religion usw. Wie natürlich alles! wie im Charakter! wer will hier nach der Uhr sehen, oder die Seiten zurückzählen, um zu rechnen, ob Appiani auch schon lange genug todt ist, daß Emilia schon von jugendlichem warmen Blute reden kann?

Allgemeine deutsche Bibliothek, 1777

Julius W. Braun, a. a. O., S. 91

Das tragische Ende

,,Und dann dort – erwarte ich Sie vor dem Richter unser Aller!" Wem diese Schlußrede nicht furchtbarer klingt als jeder Tyrannenmord und alle Revolutionstiraden, für den ist die Tragödie – nicht allein diese! – überhaupt nicht da.

Karl Borinski, a. a. O., S. 177

Das letzte abschließende Glied in der Verkettung, die zur Katastrophe hinführen sollte, war die Motivierung der Tat des Vaters. Soll man nun sagen, worin die Notwendigkeit derselben gegründet ist, so liegt sie in keinem äußeren Zwang der Lage, sondern in den Charakteren des Odoardo und der Emilia, und eben in dieser inneren Motivation konzentriert sich die tragische Kraft des Stückes.

Wilhelm Dilthey, a. a. O., S. 61 f.

Das Drama erscheint als ein repräsentativer Ausschnitt eines unabschließbaren geistigen Prozesses zwischen dem Menschengeschlecht und Gott.

So pendelt es sich, im Grunde schon seit der Exposition, zwischen einer Vielzahl von möglichen Schlüssen auf den tatsächlichen ein. Dieser selbst erhält dadurch ein Moment des Zufälligen, Fragwürdigen und Unschlüssigen. Man hat die Fragwürdigkeit dieses Schlusses mit Vorliebe negativ, d. h. als psychologische Schwäche gesehen. Den Zeitgenossen eines Pirandello, Brecht, Frisch u. a., die das psychologische Drama durch eine neue Ästhetik des Spiels abgelöst haben, sollte es jedoch nicht schwerfallen, auch das Anregende darin zu entdecken. Was er dem Zuschauer an psychologischer Gewalt schuldig bleibt, vergütet er ihm, vor allem im Schlußauftritt, durch seinen geistigen Spielraum: Es könnte auch anders sein . . .

Jürgen Schröder, a. a. O., S. 210 f.

Bewußt wird sowohl die Komödie als auch die Tragödie am Ende geöffnet zu einer die jeweilige Theaterwirklichkeit transzendierenden Wirklichkeit, über die aber nur Möglichkeiten angegeben werden, nichts weiter.

Helmut Göbel, a. a. O., S. 152

Das letzte Ergebnis bleibt also, daß weder die objektiven Gründe für den Odoardo (da er sie nicht kennt) ausreichen, noch die subjektiven stark genug sind, um ihn zur tödlichen Tat zu treiben, daß trotzdem aber der Weg, den er einschlägt, *ohne sein Wissen,* für Emilia der richtige ist. Denkt man sich aber einmal ihre längst die Seele durchwuchernde geheime Neigung zu dem Prinzen fort, oder glaubt man an diese nicht: dann wäre der Ausgang ganz und gar unerträglich. Daß diese Neigung von dem Dichter nicht noch deutlicher ausgesprochen ist und daß Odoardo nichts von ihr weiß, ist zwar auch schon anstößig genug, aber dieser Fehler würde nichts gegen den andern bedeuten, daß Emilia ohne alles Schuldgefühl, d. h. nicht etwa in dem Sinne des Schuldbegriffs von der tragischen Schuld verstanden, sondern ohne alle und jede innere Notwendigkeit, lediglich als Opfer der „rauhen Tugend" ihres Vaters fallen sollte. . . . Die dramatische Ökonomie, die Geschlossenheit der Handlung, die übersichtliche Führung der Intrige sind in der „Emilia" im übrigen über jedes Lob erhaben.

Heinrich Bulthaupt, a. a. O., S. 46 f.

Daß dieser Schluß unbefriedigend ist, kann nicht ernsthaft bestritten werden. Jene Kommentatoren, die ihn phantasiereich und verzweifelt zu verteidigen suchten, haben lediglich frische Beweise für die Tatsache geliefert, daß es hier etwas gibt, was nach Verteidigung verlangt. Der vernünftige Weg, der eingeschlagen werden muß, ist nicht, die Schwierigkeiten fortzuerklären, sondern vielmehr, ihnen Rechnung zu tragen . . . Emilias Tod zeitigt keine echte tragische Wirkung, weder im Bewußtsein der Zuschauer, noch im Bewußtsein der anderen Personen des Dramas. Lessings Heldin ist, nicht weniger als bei Livius, ein Opfer. Der einzige grundlegende Unterschied ist, daß Emilia ein sinnloses Opfer ist. In der römischen Erzählung wird der Tod der Tochter nicht als Lösung, sondern als Herausforderung dargestellt; er wird zu einer eindrucksvoll treibenden Kraft. In Lessings Stück führt er lediglich von der mißlichen Lage der Tochter zu der mißlichen Lage des Vaters. Es gibt keine plausible Erklärung, aufgrund derer man sagen könnte, Emilia habe über den Prinzen und dessen Absichten „triumphiert"; denn ihr Tod ist einfach eine Ausflucht. Bestenfalls kann man sagen, sie habe sich dem Prinzen *entgegengestellt*. Doch das bedeutet nur, daß ein bevorrechteter Lüstling eine Frau weniger zur Verfügung haben wird.

Fred Otto Nolte, a. a. O., S. 225 f.

Der Prinz hat in dem Trauerspiel das letzte Wort, das alle Schuld auf Marinelli häuft, und es lautet: „Ist es zum Unglücke so mancher nicht genug, daß Fürsten Menschen sind: müssen sich auch noch Teufel in ihren Freund verstellen?" So spricht kein schwacher Mensch, so spricht ein Herrscher, dessen Taten ihn nicht herabsetzen können, denn er ist sakrosankt. Dieser Prinz und dieser Teufel stammen aus dem Trauerspiel des Barock, wo der Prinz mit der Trauer so zusammenhängt wie der Intrigant mit dem Teufel.

Werner Kraft, a. a. O., S. 200

Und noch ein Letztes lassen die Einwürfe gegen dieses Spiel und sein Ende unberücksichtigt. Lessing schrieb für die Bühne und nicht für den nachrechnenden Leser. Für die Bühne ist richtig, was auf der Bühne überzeugt. Diese Überzeugung wird nicht bewirkt durch die rational vollkommenste, sondern durch die poetisch suggestivste Motivierung . . . Der mit der Emilia mitlebende Zuschauer folgt ihr auch bis zu ihrem letzten Schritt, daß sie, die Entschlossenste ihres Geschlechts, sich zum Tode entschließt, um sich zu wahren und nicht verlorenzugehen.

Otto Mann, a. a. O., S. 268

Am Ende des Stücks, bei der höchsten Illusion, unter den schaudervollsten Erwartungen der Entwicklung fordert Emilia von ihrem Vater den Dolch, und er antwortet: Der Dolch ist keine Haarnadel. Der Recensent wünschte den Akteur zu sehen, der diese Antwort so ausdrücken könnte, daß dadurch bei den Zuschauern der Lauf ihrer Empfindungen nicht unterbrochen würde.

Neue critische Nachrichten,
Greifswald, 1772, 13. Juni

Julius W. Braun, a. a. O., S. 391

Didaktisch-methodische Hinweise[76])
von Friedhelm Kicherer

Die folgenden didaktisch-methodischen Anmerkungen gehen von einer praktikablen Umsetzung in der entsprechenden Altersstufe aus. Ein an sich wichtiger Gedankenstrang, nämlich die Shakespeare-Nähe, die Lessing vor allem von Zeitgenossen bescheinigt wurde und auch von neueren Stiluntersuchungen bestätigt wird, wurde absichtlich nicht verfolgt, da die Beschäftigung mit diesem Phänomen einer anderen, späteren Klassenstufe vorbehalten bleiben muß, will man sich überhaupt einer vergleichenden Dramengestaltung (Stiluntersuchung) unterziehen.

I. Unterrichtsphase

Als erster wichtiger Bearbeitungsaspekt wird das *Virginia-Motiv* und ihr Bezug zur *Tragödienfabel* angesehen.

Die *Ziele* dieser I. Sequenz lauten: 1. Kennenlernen der historischen Quelle, auf die sich die dramatische Bearbeitung gründet. 2. Hypothetische Beschäftigung mit der intentionalen inhaltlichen Gestaltung (Schwerpunktbildung) durch Lessing. 3. Formulierungen von vorläufigen Vermutungen (Hypothesen) über die politischen Hintergründe der Umgewichtung des dramatischen Stoffes.

Als methodische Vorgehensweise wird folgender Ablauf vorgeschlagen: Als Unterlagen für den Ausgangspunkt können a) der originale Quellentext in lateinischer Sprache (Titus Livius, ,,Libri ab urbe condita'', III. Buch, S. 44 bis 48) oder b) die zusammenfassende Darstellung des Geschehens nach diesem Buch (S. 14) verwendet werden. Die *Aufgabenstellung* würde lauten: Anfertigen von Stichwortnotizen als Grundlage für die mündliche Besprechung des Inhaltes. Die vorrangige *Arbeitsform* während dieser

---

[76]) Vgl. auch die Hinweise in Bd. 10, 3. erw. Auflage 1980 (Nathan der Weise), S. 94–98

Phase sollte die *Einzelarbeit* (Schüleraktivität) sein. Als weitere Unterrichtsschritte lassen sich denken: Das Sammeln von Ergebnissen, Sichten (zustimmen oder werfen), Sichern und Kommentieren der Beiträge durch den Lehrer oder die Schüler. In häuslicher Arbeit kann die Vertiefung der Wissens- und Erkenntniselemente durch Wiederholen des Inhaltes im Hinblick auf die folgenden Lernphasen nützlich erfolgen. Damit ist gewährleistet, daß ein breiter Konsens über die quellenmäßige Grundlage des Lessing-Dramas vorhanden ist. Aus dieser Kenntnis heraus wird es jetzt möglich, die *Fabel des Dramas* vergleichend herauszuarbeiten und gegenüberzustellen (vgl. S. 14). Der *Leseauftrag* könnte lauten: Stelle fest, inwiefern sich die realisierte Dramenhandlung vom historischen Vorbild löst! Worauf liegt das Hauptgewicht in der Lessingschen Bearbeitung?

Im Anschluß an diese Phase der Einzelarbeit (evtl. in die häusliche Arbeit zu delegieren) sollten die *Hypothesen* im Klassenverband *diskutiert* und *bewertet* werden. Aus den vorgetragenen und diskutierten Einzelelementen kann jetzt z. B. ein Tafelanschrieb entstehen, der von den Schülern mitgeschrieben werden sollte, weil auf ihn an anderer Stelle wieder eingegangen werden muß.

II. Unterrichtsphase

Als zweiter Unterrichtsaspekt sollte die Aufarbeitung der *Charakteristik* der *dramatischen Figuren* angegangen werden.

Ziele dieser II. Sequenz sollten sein: 1. Das Kennenlernen des Gesamttextes. 2. Das Verknüpfen erhaltener Einzelinformationen zu einem Persönlichkeitsbild (Charakteristik) jeder einzelnen handelnden Person. 3. Die vorgenommene „Qualifizierung" aktiv-argumentierend vertreten und Einwände entkräften oder bei genauer Prüfung das eigene Bild von einer Person revidieren.

Bevor dieser Lernschritt erfolgen kann, sollte folgende Vorbedingung hergestellt sein: Der Gesamttext muß jedem Schüler inhaltlich geläufig sein; Delegation in die häusliche Vorarbeit (Unterrichtsökonomie!). Zur Sicherung dieser Vorbedingung sollte von jedem Schüler eine Inhaltsangabe gefordert werden. Sie ist unabdingbare Voraussetzung für den erfolgreichen Fortgang der Arbeit.

Um einen geschichtlich-politischen Bezug herzustellen, sollte der Umstand reflektiert werden, daß Lessing die Handlung des Dramas in Italien und nicht in Deutschland ansiedelte. Dazu ist es sinnvoll, von einer Schülergruppe ein Referat anfertigen zu lassen, das Aufschluß gibt über Lessings *Absichten*, die Gedanken der *Aufklärung* via Drama, des Theaters überhaupt, wirksam werden zu lassen. Dabei ist es wichtig, Lessings Stellung *innerhalb* der damaligen Gesellschaft herausgehoben darzustellen; diese Arbeitsphase ließe sich auch durch einen *lehrerzentrierten Exkurs* bewältigen. Daneben sollte das Kapitel „Lessings Wirken für ein deutsches bürgerliches Nationaltheater" (S. 4–6) zur Pflichtlektüre gemacht werden.

In einem ersten Deutungszugriff (Gruppenarbeit) sollten die einzelnen Personen, die handelnd im Drama auftreten, charakterisiert werden. Die Bewältigung dieses Problems kann vom Lehrer erleichtert werden, indem er für jede Kleingruppe (zwei bis vier Schüler) die entsprechenden *Fundstellen* angibt. Dies kann auf einem Arbeitsblatt geschehen, auf dem er für alle Gruppen übersichtlich geordnet z. B. notiert:

Arbeitsblatt I

Fundstellen zur Charakterisierung der Personen

Emilia Galotti	(II, 6, 7; III, 4, 5; V, 7, 8)
Odoardo	II, 2, 4; IV, 6, 7, 8; V, 2, 3, 4, 5, 6, 7, 8)
Claudia	(II, 1, 2, 4, 5, 6, 7, 8, 9, 11; III, 7, 8; IV, 8)
Prinz von Guastalla	(I, 1, 2, 3, 4, 5, 6, 7, 8; III, 1, 3, 5; IV, 1, 2, 4; V, 1, 5, 8)
Marinelli	I, 6; II, 9, 10; III, 1, 2, 3, 4, 5, 6, 7, 8; IV, 1, 2, 3, 4, 5, 6,; V, 1, 3, 5, 8)

Camillo Rota	(I, 8)
Conti	(I, 2, 4)
Graf Appiani	(II, 7, 8, 9, 10, 11)
Gräfin Orsina	(IV, 3, 4, 5, 6, 7, 8)
Angelo	(II, 3; III, 2)
Pirro	(II, 1, 2, 3, 4)
Battista	(III, 4, 6, 7; IV, 2)
Kammerdiener (I, 1, 7)	

Im Anschluß an die Arbeit der Kleingruppen solle eine *kritische* „Würdigung" der gegebenen Charakteristika erfolgen, während dieser die Schüler ihre Vorschläge *argumentativ* vertreten müssen (Belege aus dem Text!); sinnvoll kann es auch sein, jede Person von zwei Gruppen charakterisieren zu lassen, um evtl. kontroverse „Ergebnisse" vorliegen zu haben.

III. Unterrichtsphase

Diese Phase des Unterrichts sollte die *multiperspektivische Aspektschau des Dramas* in den Mittelpunkt der *interpretatorischen* Arbeit stellen. Als Bearbeitungsprinzip kann die Kleingruppenaktivität vorgeschlagen werden, die neben dem Erschließen der fachlichen Aspekte als *primärem Ziel, sekundäre,* für das Lernen überhaupt evidente *Ergebnisse* anbahnen helfen kann: 1. Strukturieren eines Sachverhaltes. 2. Argumentatives Vertreten (sachbezogenes Diskutieren) von aufgestellten Hypothesen in der Gruppe. 3. Ändern von Meinungen und Sichtweisen aufgrund von „besseren" Argumenten der Diskussionsteilnehmer.

Bei der Erschließung der nachfolgend genannten Strukturelemente wird es darum gehen, festzustellen, welches Allgemeine – für Lessings Anliegen, dargestellt auf dem Theater, seiner „alten Kanzel" – im Besonderen angelegt ist. Aus Gründen der Sachlogik, die sich aus der Inhaltlichkeit des dramatischen Stoffes ergibt, wird folgende didaktische Strukturierung für adäquat erachtet:

Beschäftigung mit

- dem sozialen Gehalt
- der Dramaturgie
- dem Dialog- und Redeaufbau
- dem tragischen Ende.

Was den *sozialen Gehalt* des Dramas anbetrifft, sollte zunächst auf die soziale Komponente abgehoben werden, hinter der sich sowohl ein politisches wie ein soziales Problem verbirgt: Die *Obrigkeit* im *absolutistischen Staat* und die *Gesellschaftsordnung* des *Ständestaates.*

Es erweist sich ebenfalls als zweckmäßig, die Personen als *typische Vertreter* der ungleichen *Gesellschaftsschichten* (Stände) zu untersuchen – insofern sind Lessings Figuren keine Individuen, sondern die fleischgewordenen. Handlungsmöglichkeiten innerhalb des ständischen Systems, einerseits höfischer, andererseits bürgerlicher Provinzienz. So verkörpern die aristokratischen Figuren nuanciert das höfische Verhalten:

- selbstherrliche höfische Existenz (Pomp, Oberflächlichkeit, Lasterhaftigkeit);
- Reduktion der Personen (Charaktere) zu funktionierenden Handlungsträgern ihrer sozio-kulturellen und sozioökonomischen Gruppe (Marionetten).

Ihnen als Antagonisten zur Seite gestellt sind die Vertreter des Bürgertums. Ihre Angehörigen vertreten – ebenfalls wieder pointiert und nuanciert dargestellt – die im Drama realisierten bürgerlichen Verhaltensweisen: „Leiden, versteckte Anpassung, Unterwürfigkeit, religiöse Moral und stolze Ablehnung des höfischen Lebens." (Volker Riedel, a. a. O., S. 118 f.) Der historische Hintergrund ist die Hilflosigkeit der rechtlosen Untertanen gegenüber der absolutistischen Fürstenherrschaft.

Die im Zusammenhang mit „Odoardo" auftretende Problematik der *religiösen Moral* ließe sich anhand geeigneter Stellen aus den „Theologischen Schriften" (aufgelistet S. 7) untersuchen.

Im übrigen können die zitierten Textausschnitte unter dem Stichwort „Der soziale Gehalt" weitere Auswertungsgesichtspunkte liefern.

Was die *Dramaturgie* Lessings angeht: Es ließe sich an dieser Stelle besonders gewinnbringend ein Referat einsetzen, das zunächst einmal die Position *Gottscheds* und seines französisierenden Theaters der *Lessings* gegenüberstellen sollte. Daran anschließend könnten Verfahrensweisen im Drama aufgespürt werden, die die theoretischen Postulate in praxi nachweisen würden.

Als abschließende Möglichkeit der Betrachtung (Interpretation) könnte die Funktion der fünf Aufzüge eruiert werden. Als ein denkbares Ergebnis dieser Lernphase kann die Auslegung von Ritzel (S. 53) stehen.

Zu den beiden letzten Strukturierungsvorschlägen enthält das vorliegende Buch Hinweise (vgl. S. 54—56).

Die *Ziele* dieser dritten Unterrichtsphase sind darin zu erblicken, daß den Schülern mehrere Untersuchungsaspekte eines dramatischen Textes an die Hand gegeben werden, die in das Repertoire der Schüler erweiternd eingehen sollten. Dabei ist es nicht unerheblich, die eigenen Interpretationsversuche mit denen der Sekundärliteratur zu vergleichen, um Übereinstimmungen und Abweichungen festzustellen und ggf. auf die andersartigen Untersuchungsaspekte zurückzuführen sowie nach der Angemessenheit der eigenen oder fremden Ergebnisse zu fragen (kritischer Umgang mit „gedruckten Wahrheiten"). In fortgeschrittenen Kursen kann auch die Frage diskutiert werden, wie solche unterschiedlichen Interpretationen zu erklären sind. Die Schüler müßten dann mit den unterschiedlichen methodischen Verfahrensweisen (hermeneutischer Ansatz), soziologischer Ansatz u. a.) und den dahintersteckenden Ideologien vertraut gemacht werden.

Den Abschluß der Lerneinheit (evtl. nach Behandlung mehrerer Lessing-Texte) kann eine Diskussion über Lessings Wirken für ein deutsches bürgerliches Nationaltheater bilden. Dazu können Thesen aus seiner „Hamburgischen Dramaturgie" oder aus „Beiträge zur Historie und Aufnahme des Theaters" die Ausgangspunkte bilden —

auch eine ausführliche Beschäftigung mit dem vorliegenden Überblick S. 4–6 ist denkbar. Dabei sollten einige zentrale Fragestellungen erörtert werden: Gibt es eine theater-theoretische und dramaturgische Wirkung Lessings über seine Zeit hinaus? Welche Autoren der nachfolgenden Literaturperioden setzten sich mit den dramaturgischen Vorstellungen Lessings auseinander? Gibt es Einflüsse auf das „epische Theater" von Bert Brecht? Inwiefern ist Lessings Theatertheorie, wonach das Theater als „Kanzel" betrachtet wird, für uns heutige Zeitgenossen – je nach ideologischem Standpunkt – problematisch? Darin muß sich zwangsläufig die Frage anknüpfen: Ist Lessings Theater ein politisches Theater oder aber eine „moralische Anstalt" (Schiller)?

Literaturverzeichnis

Werkausgaben

Gotthold Ephraim Lessing. Sämtliche Schriften in 23 Bänden. Stuttgart, Leipzig, Berlin 1886 – 1924, Hrsg. K. Lachmann Bände: 5, 17, 18

Gotthold Ephraim Lessings Gesammelte Werke, Erster Band. Berlin 1927; eingeleitet von Arnold Zweig

Gotthold Ephraim Lessing. Werke in einem Band. Stuttgart 1958; Hrsg. G. Stenzel

Goethes sämtliche Werke in 36 Bänden. Stuttgart o. J., Band. 21

Schillers Werke in acht Bänden, Hamburg o. J., Bd. 1, Hrsg. Chr. Christiansen

Thomas Mann. Gesammelte Werke in zwölf Bänden. Berlin 1955, Band 11

Sekundärliteratur

Böckmann, Paul
    Formgeschichte der deutschen Dichtung
    Hamburg 1949
Borinski, Karl
    Lessing, 2 Bde.
    Berlin 1900
Braun, Julius W.
    Lessing im Urtheile seiner Zeitgenossen, 3 Bde.
    Berlin 1884 – 97
    Reprographischer Nachdruck der Ausgabe 1884
    Berlin, Hildesheim 1969
Bulthaupt, Heinrich
    Dramaturgie des Schauspiels
    Oldenburg / Leipzig 1924
Burger, Heinz Otto
    Dasein heißt eine Rolle spielen. Studien zur
    deutschen Literaturgeschichte, München 1963

Dilthey, Wilhelm
G. E. Lessing – Das Erlebnis und die Dichtung
Göttingen 1965

Fischer, Walter
Gotthold Ephraim Lessing. Emilia Galotti.
Frankfurt a. M., Berlin, München 1976

Gehrke, Hans
Lessings „Nathan der Weise". Interpretationen und
unterrichtsbezogene Hinweise, Hollfeld 1980

Gehrke, Hans
Gotthold Ephraim Lessing. Minna von Barnhelm.
Wertungen und Rezeptionshilfen, Hollfeld 1981

Geneé, Rudolph
Hans Sachs und seine Zeit
Leipzig 1902

Goebel, Helmut
Bild und Sprache bei Lessing
München 1971

Guthke, Karl S.
Der Stand der Lessing-Forschung
Stuttgart 1965

Guthke, Karl S./Schneider H.
G. E. Lessing. Stuttgart 1967

Guthke, Karl S.
Das deutsche bürgerliche Trauerspiel
Stuttgart 1972

Hippe, Robert
Erläuterungen zu Lessings Emilia Galotti
Hollfeld 1980

Jens, Walter
Von deutscher Rede
München 1972

Kettner, Gustav
Lessings Dramen im Lichte ihrer und unserer Zeit
Berlin 1904

Kindermann, Heinz
Theatergeschichte der Goethezeit
Wien 1948

Kommerell, Max
Lessing und Aristoteles. Untersuchungen über die
Theorie und Tragödie. Frankfurt a. M. 1960

Kraft, Werner
Rebellen des Geistes
Stuttgart, Berlin, Köln, Mainz 1968

Mann, Otto
Lessing – Sein und Leistung
Hamburg 1961

Mayer, Hans
Meisterwerke deutscher Literaturkritik, Band 1
Berlin 1963

Mehring, Franz
Die Lessing-Legende, Hrsg. Hans Mayer
Basel 1946

Meyer-Benfey, Heinrich
Lessing und Hamburg
Hamburg 1946

Müller, Jan-Dirk
Gotthold Ephraim Lessing. Emilia Galotti.
Stuttgart 1971

Müller, Joachim
Wirklichkeit und Klassik
Berlin 1955

Neue Rundschau
72. Jahrgang. Erstes Heft 1961
Frankfurt a. M. 1961

Nolte, Fred Otto
Lessings ,,Emilia Galotti" im Lichte seiner
,,Hamburgischen Dramaturgie" (1938); in:
Wege der Forschung, Band CCXI, Darmstadt 1968

Oehlke, Waldemar
Lessing und seine Zeit, 2 Bände
München 1929

Riedel, Volker
Lessing und die römische Literatur
Weimar 1976

Rilla, Paul
Lessing und sein Zeitalter
Berlin, Weimar 1981

Ritzel, Wolfgang
Gotthold Ephraim Lessing
Stuttgart 1966

Rühle, Günther
    Theater in unserer Zeit
    Frankfurt a. M. 1976
Schmidt, Erich
    Lessing. Geschichte seines Lebens und seiner
    Schriften, Berlin 1923
Schneider, Reinhold
    Über Dichter und Dichtung
    Köln 1953
Schrimpf, Hans Joachim
    Lessing und Brecht
    Pfullingen 1965
Schröder, Jürgen
    G. E. Lessing – Sprache und Drama
    München 1972
Steinmetz, Horst
    Lessing – ein unpoetischer Dichter
    Frankfurt a. M. – Bonn 1969
Schuchmann, Hans
    Studien zum Dialog im Drama Lessings und
    Schillers. Diss., gedr., Gießen 1927
Wiese, Benno von
    Das deutsche Drama vom Barock bis zur Gegenwart
    Düsseldorf 1958
Wiese, Benno von
    Von Lessing bis Grabbe. Studien zur deutschen
    Klassig und Romantik
    Düsseldorf 1958
Zweig, Arnold
    Versuch über Lessing; in G. E. Lessings Gesammelte
    Werke, Erster Band, Berlin 1927

Analysen und Reflexionen
Interpretationen und didaktische Anweisungen

Weitere Bände in Vorbereitung!

Joachim Beyer Verlag – Tel.: 0 92 74 / 4 01 – 8607 Hollfeld